会计师事务所

国际化

的

经济后果研究

彭 雯◎著

中国财经出版传媒集团

经济科学出版社

Economic Science Press

图书在版编目（CIP）数据

会计师事务所国际化的经济后果研究/彭雯著 . --
北京：经济科学出版社，2022.5
ISBN 978 - 7 - 5218 - 3494 - 9

Ⅰ. ①会… Ⅱ. ①彭… Ⅲ. ①会计师事务所 - 国际化
- 经济效果 - 研究 Ⅳ. ①F233

中国版本图书馆 CIP 数据核字（2022）第 045986 号

责任编辑：程辛宁
责任校对：蒋子明
责任印制：张佳裕

会计师事务所国际化的经济后果研究

彭 雯 著

经济科学出版社出版、发行 新华书店经销

社址：北京市海淀区阜成路甲 28 号 邮编：100142

总编部电话：010 - 88191217 发行部电话：010 - 88191522

网址：www. esp. com. cn

电子邮箱：esp@ esp. com. cn

天猫网店：经济科学出版社旗舰店

网址：http://jjkxcbs. tmall. com

固安华明印业有限公司印装

710×1000 16 开 11 印张 190000 字

2022 年 5 月第 1 版 2022 年 5 月第 1 次印刷

ISBN 978 - 7 - 5218 - 3494 - 9 定价：68.00 元

（图书出现印装问题，本社负责调换。电话：010 - 88191510）

（版权所有 侵权必究 打击盗版 举报热线：010 - 88191661

QQ：2242791300 营销中心电话：010 - 88191537

电子邮箱：dbts@ esp. com. cn）

　　本项目由人才培养质量建设－学科建设项目（项目号：19008021081）、商学院发展基金（项目号：20601643007）资助。

前　言

随着资本市场对外开放程度的不断深化，资本市场对信息中介国际化能力的需求亦随之增强。审计作为资本市场重要的信息中介之一，对提高信息披露质量、优化资源配置效率、维护市场稳定具有重要作用。尤其在企业国际化以及资本市场对外开放高速发展时期，打造拥有优质声誉、专业技能的国际化会计师事务所，塑造中国会计师事务所的国际知名度与核心竞争力，以高水平国际化建设推动注册会计师行业高质量发展，是促进中国资本市场实现高水平对外开放的关键环节。本书利用中国会计师事务所在美国公众公司会计监督委员会（简称PCAOB）注册这一背景，从审计定价、审计质量与会计信息可比性的视角，探究了事务所国际化的经济后果。

首先，本书通过分析会计师事务所国际化对中国境内业务审计定价决策行为的影响，发现中国境内会计师事务所在PCAOB注册促使审计收费显著提高，进一步研究发现在声誉较高的事务所中效应更为显著，并且会计师事务所国际化促使审计投入增加，说明事务所提高定价的动机是对声誉成本与审计投入成本的考虑；结合审计师能力的分析发现会计师事务所国际化促使审计师专业能力的提升，一定程度上表明中国境内会计师事务所在PCAOB注册之后提高审计收费反映为国际化能力的提升。此外排除了客户规模、产权差异、境外投资者持股、低价竞争、审计收费黏性、内生性等因素的潜在干扰。

其次，在探究会计师事务所国际化对审计定价决策行为影响渠道的基础上，本书进一步结合审计结果，分析会计师事务所国际化如何影响中国境内业务的审计质量。研究发现中国境内会计师事务所在PCAOB注册之后，境内业务审计质量显著提高。进一步分析发现，在审计风险较高、事务所规模较大的样本中，国际化对审计质量的提高作用更加明显，一定程度上表明会计师事务所国际化促使审计师提高审计质量的动机是在声誉机制下，事务所为了发送国际化这一积极信号，出于对潜在风险、国际声誉成本的考虑，因而有动机提高审计质量。此外审计师能力方面，结合事务所注册会计师人数、学历素质的实证检验结果发现事务所在 PCAOB 注册之后注册会计师人数显著增加，学历水平显著提高，表明事务所在国际化的过程中会吸收更多高学历的注册会计师，提高审计师的素质能力，一定程度上验证了事务所国际化促使审计师提高审计质量的能力渠道。

最后，会计师事务所国际化影响审计质量，进而对会计信息产生作用。基于会计信息可比性视角的分析表明中国境内会计师事务所在 PCAOB 注册有助于提升会计信息可比性。进一步研究发现会计师事务所国际化也具有声誉效应和学习效应，能够增强审计师对国际会计准则与审计准则的理解能力，从而有助于审计师更高效地判断会计信息是否合乎准则，提供更加可比的会计信息。

综上，本书研究发现：中国会计师事务所在 PCAOB 注册具有品牌声誉效应，使得审计师在与客户定价博弈过程中的话语权上升，审计供给方的议价能力提高，促使审计定价的提高；而且事务所在国际化过程中，需要不断对标国际质量标准，组建国际化团队，学习国际先进质量控制体系与审计方法，提高自身专业能力，从而提升审计质量；此外，国际化会计师事务所不仅具有较强的专业胜任能力，能够严格执行国际会计准则与审计准则，并且其诉讼成本与声誉成本较高，能够确保审计独立性，有助于推动会计信息可比性的提高。

本书的理论价值与实践意义体现在如下方面：第一，本书研究发现会计师事务所国际化能够提升审计师专业能力，对于优化资本市场信息环境具有积极作用，为监管部门加强信息披露监管以及资本市场中介的国际化建设提供了一定的参考借鉴；第二，本书基于中国事务所在 PCAOB 注册的背景阐明事务所国际化有助于提升审计质量，为政策制定部门推动中国事务所与国际接轨，服务中国企业国际化业务，打造中国事务所的国际竞争提供了一定的政策建议；第三，本书研究表明事务所国际化有利于会计信息可比性的提高，是推动与国际会计准则、国际审计准则实现趋同的关键环节，对于深化中国资本市场高质量对外开放具有重要的指导意义。

目　录

第1章
引　言

1.1　研究背景与研究问题

1.1.1　研究背景

在世界经济一体化的背景下，中国企业国际化进程步入新阶段，由此产生了对会计服务业国际化的需求，国际化成为会计师事务所发展的必由之路。审计作为重要的资本市场信息中介对于完善市场经济体制，保障国家财务信息安全，促进经济高质量健康发展具有关键作用。中国共产党第十九次全国代表大会指出中国经济由高速增长转为高质量发展，在经济高质量发展阶段，中国要实现全面建成经济强国的奋斗目标，需要大力发展审计等中介行业。中国境内会计师事务所需要提高国际知名度，树立民族品牌形象，形成在国际市场上的核心竞争力，打造拥有优质声誉、专业技能的国际化事务所。在高质量发展的战略导向下中国境内会计师事务所国际化成为学术界、实务界、监管层与政策制定层等多方关注的现实与理论问题。

会计师事务所国际化属于审计供给方特征，在审计市场结构中审计供给方特征是影响审计行为、审计结果与审计作用的基础因素。会计师事务所作为提供审计产品的供给方，其要素特征关系到审计师的定价决策等微观行为

（Beardsley, Lassila and Omer, 2019; Moon, Shipman and Swanquist, et al.,
2019; 张立民，彭雯和钟凯，2018a），从而决定会计师事务所能否为市场提
供高质量的审计服务产品（Bills, Hayne and Stein, 2018; Jiang, Wang and
Wang, 2019; Kallunki, Kallunki and Niemi, et al., 2019），进一步对资本市
场中信息的可靠性、可比性以及投资效率等宏观层面产生重要影响（Francis,
Pinnuck and Watanabe, 2014; 杨金凤，陆建桥和王文慧，2017; 叶飞腾，薛
爽和杨辰，2017; 张立民，邢春玉和李琰，2017）。

在审计市场中，相对于日益增长的多元化的审计需求，审计供给在过去
很长一段时间内相对滞后。为了实现要素的最优配置，促进经济高质量增长，
需要扩大有效供给，提高供给质量，深化供给侧结构性改革①。从审计产品
的供给侧来看，中国注册会计师行业经历了会计师事务所脱钩改制、独立审
计准则的制定与修订、审计师定期轮换制度改革、会计师事务所合并热潮的
掀起、会计师事务所由有限责任制转变为特殊普通合伙制等侧重于审计供给
方的历史变革（Chan and Wu, 2011; Chen, Chen and Lobo, et al., 2011;
Gong, Li and Lin, et al., 2016）。自 20 世纪 90 年代财政部设立中国注册会
计师协会至今，中国境内会计师事务所从早期的缺乏品牌声誉、低价竞争问
题严重、市场份额较小、审计质量较低（Wang, Wong and Xia, 2008; 王世
定，2019; 张立民，2008）到会计师事务所"做大做强"、审计师独立性与
专业能力的提升、审计师对优质声誉的重视（Chan and Wu, 2011），中国境
内会计师事务所正迈开走向国际市场的步伐。

随着中国注册会计师行业的国际化发展，越来越多的中国境内会计师事
务所为企业"走出去"提供国际化的会计服务，尤其是在美国上市的中国企
业需要聘请在美国公众公司会计监督委员会（下文简称 PCAOB）注册的会计
师事务所，因此中国境内会计师事务所有动机通过在 PCAOB 注册的方式国际
化，承接国际业务（其中大多为在美国上市的中国企业的国际审计业务）。
截至 2019 年，中国境内会计师事务所国际化进程取得成效，已有立信、致
同、天健等中国境内证券从业会计师事务所在 PCAOB 注册②，拥有在美国资

---

① 根据国务院 2019 年《政府工作报告》。
② 原始资料来源于 PCAOB 官方网站以及中国注册会计师协会官方网站。

本市场中提供审计服务的资格，这是在审计市场集中度较高的美国市场①承接审计业务的首要资质，也是进行高质量国际化建设，加强审计供给能力的重要举措。国际化作为注册会计师行业发展的战略目标之一，是实现中国境内会计师事务所做大做强，注册会计师行业高质量发展的重要标志。那么在新兴加转轨的制度背景下，中国境内会计师事务所"走出去"在 PCAOB 注册能否发挥积极作用？对于中国境内市场是否具有积极效应？中国会计师事务所通过在 PCAOB 注册的方式国际化如何影响中国境内业务的审计定价？能否提升境内业务的审计质量？进一步是否能够提高会计信息可比性？尚需进行深入分析。

1.1.2　研究问题

基于上述理论研究背景与现实发展需求，本书根植于国际化进程中的中国境内会计师事务所，试图在一个统一的学术研究框架下探讨如下三个相互关联的学术问题。

研究问题 1：中国境内会计师事务所国际化如何影响审计行为？具体分析中国境内会计师事务所在 PCAOB 注册②对中国境内业务审计定价决策行为的影响。在注册会计师的决策行为中审计定价决策是理论界与实务界共同关注的重要议题，中国境内会计师事务所之间的低价竞争现象在很长一段时间内一直是审计市场中有待解决的问题，而国际化是会计师事务所树立国际品牌声誉的重要途径，声誉的形成对审计师议价能力产生影响，从而可能发挥缓解低价竞争、提高审计供给能力、优化审计市场结构的积极效应。因此审计定价决策的影响因素中是否包含会计师事务所国际化这一审计供给因素是一个值得深入探讨研究的问题。在研究会计师事务所国际化对审计定价决策

---

① 美国审计市场的集中度较高，客户企业的体量较大（Chu, Simunic and Ye, et al., 2018）。

② 本书用会计师事务所在 PCAOB 注册测度会计师事务所国际化，是因为会计师事务所国际化的终极阶段是在全球市场开展国际业务，若会计师事务所在市场机制较为完善，审计市场集中度较高的美国具有核心竞争力，则一定程度上具备了在全球市场开展国际业务的能力，而美国的审计市场集中度较高，市场机制较为完善，事务所在 PCAOB 注册是在美国市场承接业务的首要资质，是进入高层次国际市场的入场券。

影响机理的基础上，本书进一步探究国际化的会计师事务所是在学习效应、声誉效应的渠道下提高审计收费，提高审计质量？还是在低价竞争的渠道下降低审计收费，损害审计质量？抑或是在规模效应的渠道下降低审计收费，不影响审计质量？由此产生下面的研究问题。

研究问题2：中国境内会计师事务所国际化如何影响审计结果？具体分析中国境内会计师事务所在 PCAOB 注册对中国境内业务审计质量的影响。理想的审计结果可以有效提升财务报告的质量，体现为高质量的审计结果。通过分析中国境内会计师事务所国际化能否提升境内业务审计质量，以期阐明中国境内会计师事务所国际化所具有的经济后果。会计师事务所国际化影响审计质量，进而对会计信息产生作用。国际化的会计师事务所提供审计产品的质量高低决定着会计信息质量的优劣，高质量的审计能够减小公司会计人员披露的财务报表信息与公司实际交易事项等经济业务二者之间的差距，提高会计信息可比性。由此产生第三个研究问题。

研究问题3：中国境内会计师事务所国际化如何影响审计作用？具体分析中国境内会计师事务所在 PCAOB 注册对中国境内客户会计信息可比性的影响。审计的作用在于提高财务信息的可靠度，降低信息不对称，增进会计信息的价值，减小信息使用者的信息比较成本。会计信息可比性是体现审计价值的重要特征，本书在分析前两个研究问题的基础上深入探究会计师事务所国际化对于会计信息可比性的影响机理。

综上，本书将对上述三个研究问题进行深入的理论剖析与实证检验，以期揭示会计师事务所国际化发挥积极效应的机理渠道。

1.2　相关概念界定与分析

本书研究会计师事务所国际化的经济后果，由于会计师事务所国际化的概念学术界没有公认的明确定义，而在广义上会计师事务所属于企业的一种组织形式，因此本书参考企业国际化的定义，对会计师事务所国际化进行概念界定。本部分首先梳理学术界对企业国际化的定义，在此基础上提出会计师事务所国际化的定义。

1.2.1　企业国际化

关于企业国际化的概念在管理学和经济学中的定义较多，早在 20 世纪 60 年代，弗农（Vernon，1966）认为国际化是公司从国内市场向海外市场或者境外市场发展的过程。随后北欧学者通过研究瑞典公司的国际化经营行为，提出的企业国际化阶段理论认为企业国际化是指公司为了应对内外部环境变化，将经营和投资边界逐步向国际市场扩展的阶段性过程（Johanson and Vahlne，1977），根据企业国际化阶段理论，公司在国际化进程中一般会经历以下几个阶段：第一阶段，出口产品；第二阶段，通过代理商出口；第三阶段，建立海外销售子公司；第四阶段，直接进行海外或境外研发和制造等。与企业国际化阶段理论的定义类似，希特等（Hitt，Hoskisson and Kim，1997）认为企业国际化是指公司拓展其生产、制造、销售等经营活动至国际市场的行为，包括要素市场和产品市场的国际流动。在企业国际化阶段理论的基础上，鲁桐（1998）结合中国国情，指出企业国际化是企业积极参与国际分工，通过学习技术和积累经验，提高比较优势，从而由国内市场逐步走向国际市场的阶段性过程。

1.2.2　会计师事务所国际化

会计师事务所属于企业的一种组织形式。借鉴企业国际化的定义（Vernon，1966；Johanson and Vahlne，1977），会计师事务所国际化是指会计师事务所逐步提高承接国际业务能力，从国内审计市场向国际审计市场发展的过程。用会计师事务所在 PCAOB 注册测度会计师事务所国际化，是因为会计师事务所国际化的终极阶段是在全球市场开展国际业务，若会计师事务所在市场机制较为完善，审计市场集中度较高的美国具有核心竞争力，则一定程度上具备了在全球市场开展国际业务的能力。而事务所在 PCAOB 注册是在审计市场集中度较高的美国市场承接审计业务的首要资质；是进行高质量国际化建设，加强审计供给能力的重要举措。并且，中国境内会计师事务所为了审计美国上市公司，在 PCAOB 注册需要提交申请材料，PCAOB 在审核注册申请材料的过程中会与事务所进行沟通，事务所需要满足一套国际标准，才可获取注册资质，中国事务所通过在 PCAOB 注册的方式与美国的标准体系、职业要求接轨，进入国际市场，学习经验方法，进而提高审计师专业能力，反映出会计师事务所的国际化专业能力（Aobdia，2017）；并且，会计师事务所国际化是一个循序渐进的过程，中国境内会计师事务所在 PCAOB 注册可谓事务所提高国际业务能力的阶段性信号。

在 PCAOB 注册是一项高成本的信号发送行为：首先，中国境内会计师事务所为了满足 PCAOB 注册的要求，前期需要花费大量的人力物力成本①，包括构建国际化团队，提高审计师国际业务能力，完善会计师事务所内部治理体系，等等；其次，在 PCAOB 注册的事务所面临着较高的潜在声誉成本，一旦中国境内审计业务发生审计失败，则在国际市场也会遭受巨大损失；最后，美国的投资者保护水平位居世界前列（Fang，Maffett and Zang，2015），会计师事务所作为重要的资本市场信息中介，其提供的审计信息为投资者等利益相关者所关注，中国境内会计师事务所在 PCAOB 注册之后为国际投资者所关注，从而面临较高的诉讼风险，因此在 PCAOB 注册的事后潜在诉讼成本较高（Lamoreaux，2016）。通过以上分析可知，在 PCAOB 注册需要付出高昂的成本，对于中国境内会计师事务所而言，在事务所其他条件相同的情况下，只有国际化专业潜力较高的审计师才会发送这一高成本的信号。综上所述，中国境内会计师事务所在 PCAOB 注册能很好地测度事务所国际化水平。

1.3　研究内容与研究方法

1.3.1　研究内容

本书内容整体上可分为四个部分。第 1 章与第 2 章为第一部分。第 1 章包括本书研究背景与问题、相关概念界定、研究框架、研究贡献与意义等基

---

①　注册的事务所需要向 PCAOB 提交申请材料，同时缴纳申请费。

本情况说明。第 2 章为文献回顾与综述,主要围绕四个研究领域进行梳理述评包括:企业国际化、会计师事务所国际化的相关研究;审计师能力、审计师动机分别对审计定价影响机制的相关研究;审计师能力、审计师动机分别对审计质量影响机制的相关研究;以及审计师特征对会计信息可比性影响机制的相关研究。最后,对相关领域研究现状进行总结评价。

第二部分为第 3 章。从中国境内会计师事务所国际化的萌芽期、成长期、发展期三个阶段对发展历程做梳理归纳,对本书研究问题的制度背景进行总括,为后文的理论与实证分析章节提供铺垫。在理论基础部分,首先基于审计供给理论介绍了与本书研究内容相关的学习效应理论、声誉理论以及代理理论,随后阐述了企业国际化的相关理论,包括竞争优势理论、规模经济理论、知识管理理论、外部性理论以及溢出效应理论。

第三部分包括第 4 章、第 5 章和第 6 章。对本书的三个研究问题分别进行理论分析与实证检验:第一,中国境内会计师事务所国际化如何影响审计行为?具体分析中国境内会计师事务所在 PCAOB 注册对境内业务审计定价决策行为的影响。第二,中国境内会计师事务所国际化如何影响审计结果?具体分析中国境内会计师事务所在 PCAOB 注册对境内业务审计质量的影响。第三,中国境内会计师事务所国际化如何影响审计作用?具体分析中国境内会计师事务所在 PCAOB 注册对境内客户会计信息可比性的影响。

第 4 章,基于中国境内会计师事务所在 PCAOB 注册这一视角,深入考察会计师事务所国际化对中国 A 股主板上市公司审计定价的影响,进一步结合审计师动机,区分审计师声誉高低分样本考察国际化对审计定价的影响是否存在差异,以及事务所在 PCAOB 注册之后是否会增加审计投入,从而验证会计师事务所国际化之后调整审计定价的动机。同时结合审计师能力,分析会计师事务所在 PCAOB 注册之后如何影响审计师专业能力,从而验证会计师事务所国际化之后调整审计定价的能力。此外,审计需求方面,区分客户规模大小、产权差异、是否存在境外投资者持股、是否存在审计师变更等维度,分样本考察会计师事务所在 PCAOB 注册之后对审计定价的影响是否存在差异,以期探明事务所国际化对审计收费的作用渠道是由审计需求因素主导还是审计供给因素主导。同时结合审计收费黏性、审计定价签约时间差异、剔除国际四大会计师事务所样本等角度进行稳健性检验。

第 5 章，在上一章探究会计师事务所国际化对审计定价决策行为影响渠道的基础上，本书进一步结合审计结果，分析中国境内会计师事务所国际化如何影响中国 A 股主板上市公司的审计质量。首先，在审计师动机方面，区分审计风险高低、事务所规模大小分样本考察国际化对审计质量的影响是否存在差异，以期揭示会计师事务所国际化之后是否有提供高质量审计产品的动机。其次，在审计师能力方面，会计师事务所内部注册会计师的构成以及学历素质在一定程度上反映出审计师能力的高低，通过考察事务所在 PCAOB 注册之后其内部注册会计师人数是否有所增加，注册会计师学历水平是否有所提升，进一步检验事务所国际化促使审计师提高审计质量的能力渠道。最后，在审计需求方面，区分是否存在境外投资者持股、是否发行 H 股或 B 股等维度，分样本考察会计师事务所在 PCAOB 注册之后对审计质量的影响是否存在差异，以期探明事务所国际化对审计质量的作用渠道是由审计需求因素主导还是审计供给因素主导。同时剔除国际四大会计师事务所样本、采用倾向得分匹配克服内生性问题等角度进行稳健性检验。

第 6 章，在前两章研究审计定价以及审计质量的基础上，进一步探究中国境内会计师事务所国际化对中国 A 股主板上市公司会计信息可比性的影响机理。审计师动机方面，区分审计师声誉高低分样本考察国际化对会计信息可比性的影响是否存在差异，以及事务所在 PCAOB 注册之后是否会增加审计独立性，从而验证会计师事务所国际化影响会计信息可比性的动机渠道是否为声誉机制。即在声誉效应下，国际化的会计师事务所是否有动机提高独立性水平，提高会计信息可比性。审计师能力方面，结合中国注册会计师审计准则与国际审计准则全面趋同前后做进一步分组检验。最后结合变更会计信息可比性测度方法等检验以期提供稳健性证据。

第四部分是本书第 7 章。为对全书研究的总结，包括主要研究结论，基于研究结论提出的政策建议。

1.3.2　研究框架

综合上述研究内容，本书重点关注的三个层层递进的研究话题为：

（1）中国境内会计师事务所国际化对审计定价决策行为的影响机理；

（2）中国境内会计师事务所国际化对审计质量的影响机理；

（3）中国境内会计师事务所国际化对会计信息可比性的影响机理。

全书研究内容的逻辑关系框架如图 1 – 1 所示。

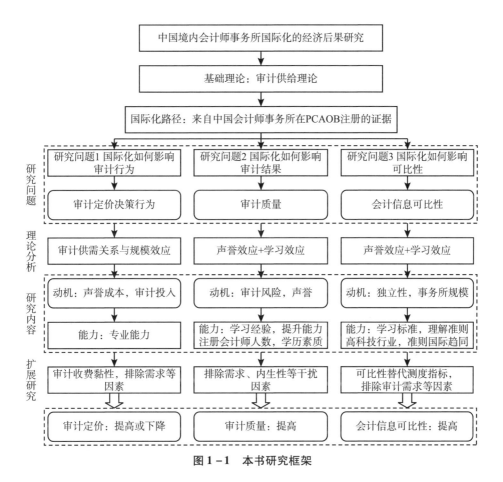

图 1 – 1　本书研究框架

1.3.3　研究方法

1.3.3.1　归纳分析法

对企业国际化、会计师事务所国际化的相关研究，审计师能力、审计师动机分别对审计定价影响机制的相关研究，审计师能力、审计师动机分别对审计质量影响机制的相关研究，以及审计师特征对会计信息可比性影响机制的相关研究，审计供给以及企业国际化的相关理论基础进行归纳梳理与分析述评，总结评价了已往文献不足之处，作为本书的突破点。

1.3.3.2　规范研究法

系统分析阐述了会计师事务所国际化对于审计行为、审计结果与审计作用的影响机理。

1.3.3.3　实证分析法

本书通过手工收集整理的中国境内会计师事务所在 PCAOB 的注册信息数据，在国泰安（CSMAR）数据库中获取上市公司财务数据，采用多种计量方法如最小二乘法（OLS）、Logit 模型、克服内生性问题的倾向得分匹配法（PSM）构建实证分析模型，运用 STATA 15.0、SAS 9.2 等计量工具软件进行实证检验。

1.4　研究创新与研究意义

1.4.1　研究创新

本书在如下方面做出了一定的补充贡献：

首先，本书结合会计师事务所这一独特的组织形式，考察了会计师事务所国际化的经济后果，是对企业国际化经济后果研究的有益补充。关于企业国际化的诸多研究主要以一般经营性企业作为研究对象（邓新明，熊会兵和李剑峰等，2014；杨忠和张骁，2009；张建红和周朝鸿，2010；赵曙明，高素英和耿春杰，2011），而会计师事务所作为重要的资本市场服务组织，与普通企业相比具有一定的异质性，但关于其国际化经济后果的研究相对较少。本书基于中国境内会计师事务所在 PCAOB 注册这一背景，发现事务所国际化促使审计师议价能力的提升，反映为专业能力与审计投入的提高，有助于强化审计独立性与审计质量，提升会计信息可比性，说明会计师事务所国际化具有积极效应，丰富了企业国际化的研究视角，亦对资本市场其他中介机构国际化建设具有一定借鉴价值。

其次，已有研究大多从监管的角度分析 PCAOB 检查对审计的影响（Defond，2010；Abbott，Gunny and Zhang，2013；Gunny and Zhang，2013；Lamoreaux，2016；Defond and Lennox，2017；Fung，Raman and Zhu，2017；Krishnan，Krishnan and Song，2017），但在 PCAOB 强制检查的国家，已有研究无法解释注册会计师是迫于监管压力，还是出于维护良好声誉的动机而提供高质量的审计产品。而中国与此不同，PCAOB 强制检查的监管效应对中国境内会计师事务所不适用。在这样独特的制度背景下，本书揭示了事务所自愿在 PCAOB 注册这一国际化战略通过声誉效应和学习效应影响审计定价、审计质量与会计信息可比性的新途径，将声誉效应从监管效应中剥离出来。研究发现中国境内会计师事务所为了发送国际化这一积极信号（即在 PCAOB 注册），树立国际品牌声誉，会主动学习国际审计准则，学习国际大型会计师事务所的管理方法，提高审计师专业能力，提高审计独立性，增加审计投入，从而提高审计定价与审计质量，进而有助于会计信息可比性的提升，说明即使在没有接受 PCAOB 检查的情况下，事务所国际化仍然能够发挥积极作用。为会计师事务所的国际化战略如何促进注册会计师行业的高质量发展提供新的理论视角。

再其次，已有研究发现在允许 PCAOB 检查的国家，PCAOB 的监管机制具有积极的外部性（Lamoreaux，2016；Fung，Raman and Zhu，2017），PCAOB 检查除了对美国会计师事务所与接受 PCAOB 检查的非美国事务所会产生作用之外，本书研究发现在禁止 PCAOB 强制检查的中国，PCAOB 注册对中国市场中的审计收费、审计质量以及会计信息可比性都会发挥积极的外部性，说明即使在不允许 PCAOB 检查的制度环境下，会计师事务所通过主动在 PCAOB 注册这一自愿性的国际化方式，也有助于提高非美国市场的审计师能力、审计质量，以及资本市场中的会计信息可比性。本书研究发现拓展了关于 PCAOB 注册经济后果的研究范畴。

最后，研究发现中国境内会计师事务所国际化促使审计供给方有动机和能力提高审计收费、审计质量，进而有助于会计信息可比性的提升，丰富了审计供给的理论研究框架。已有关于审计供给的研究主要聚焦于审计师行业专业能力（Bills，Jeter and Stein，2015；Carson，2009；Goodwin and Wu，2014；Reichelt and Wang，2010；陈胜蓝和马慧，2015；陈小林，王玉涛和陈运森，2013；彭雯，张立民和钟凯，2017；宋子龙和余玉苗，2018；吴溪和张俊生，2012），本书则基于事务所国际化的视角，阐明国际化也是审计师的一项重要能力，对于提升审计质量具有积极作用，拓展了审计供给的研究范畴。

1.4.2 研究意义

本书研究对于政策制定方、客户企业、会计师事务所以及监管方具有一定的实践指导意义：

首先，对于政策制定方而言，本书研究发现中国境内会计师事务所国际化能够提高境内业务的审计质量，有助于会计信息可比性的提升。说明事务所"走出去"能够发挥积极作用，会计师事务所国际化影响财务信息的生成过程，为相关政策制定部门推动事务所国际化、完善会计准则、审计准则，以及推动审计供给能力提升的相关制度文件提供一定的经验证据。

其次，对于客户企业而言，本书研究发现国际化的中国境内会计师事务所，为了避免声誉受损的成本，会提高境内业务的审计质量。中国境内上市公司在选择审计师的过程中，可考虑将会计师事务所是否国际化作为评判其能否提供高质量审计服务的一项指标。这对于希望提高企业价值、有融资需求的客户具有实践参考价值。

再其次，对于会计师事务所而言，中国境内会计师事务所在实施国际化战略的过程中逐步提高审计师专业能力，完善事务所内部治理体系，提高审计质量控制标准，提升审计师议价能力，对致力于做大做强、提高审计供给能力的中国境内会计师事务所具有实践指导意义。

最后，对于市场监管方而言，我国特殊的审计市场结构与美国等发达国家的审计市场结构有所差异（Chu，Simunic and Ye，et al.，2018），在我国竞争比较激烈的审计市场结构下，本书探讨中国境内会计师事务所国际化对审计定价决策、审计质量与会计信息可比性的影响，研究发现会计师事务所在 PCAOB 注册对于不接受 PCAOB 强制检查的中国也具有积极的外部性，有助于提高中国事务所的审计供给能力，提供高质量的审计产品，进而提高会计信息可比性，促进中国资本市场健康发展，为审计监管部门提供实践指导意义。

　　总之，本书研究发现会计师事务所国际化能够发挥积极作用，有助于注册会计师行业的高质量发展，对于提高资本市场信息质量，维护国家信息安全，保障市场机制有效运行具有现实意义。

第 2 章
相关研究的文献述评

本章对相关研究进行详细深入的文献述评，为本书研究中国境内会计师事务所国际化的经济后果奠定基础，文献述评分为层层递进的四个部分：企业国际化与会计师事务所国际化、审计师特征与审计定价、审计师特征与审计质量、会计信息可比性。通过梳理总结已有文献的不足，提炼未来研究有待进一步深化的问题，在此基础上为后文理论分析与各章的实证分析提供经验证据。

2.1 企业国际化与会计师事务所国际化的文献述评

国际化是企业在全球化背景下应对国际挑战的重大主题之一，由此产生了对会计服务业国际化的需求，国际化成为会计师事务所发展的必由之路。下文分别对企业国际化与会计师事务所国际化的相关研究进行文献述评。

2.1.1 企业国际化

20 世纪 60 年代以来，国际经济体系发生了巨大变化，国际贸易壁垒的撤除为企业开辟了新的国际市场，中国企业逐步进入海外市场，而国际市场愈加激烈的竞争也给企业带来了发展机会与威胁。关于企业国际化的经济后果，已有文献从企业国际化如何影响企业价值（邓新明，熊会兵和李剑峰等，2014）、企业绩效（Shroff, Verdi and Yu, 2014；杨忠和张骁，2009；赵曙明，高素英和耿春杰，2011）、市场风险（Berger, El Ghoul and Guedhami, et al. , 2017）、经济周期在世界各国之间的传染效应（Cravino and Levchenko, 2016）等方面展开研究。另外，有部分学者关注于银行、分析师等中介机构企业国际化的经济后果（Gray and Gray, 1981；Rajamani, Poel and Jong, et al. , 2017；罗栜心，麻志明和王亚平，2018），研究发现区域金融震荡对国际化的银行企业具有跨国传染效应（Jeon, Olivero and Wu, 2013）。

关于企业国际化的动因，已有研究大多基于利益最大化等经济学理论权衡企业国际化的成本与收益：获得低成本的生产要素；企业规模经济带来的收益；发挥企业的比较优势；等等（Bøler, Moxnes and Ulltveit, 2015；Edmond, Midrigan and Xu, 2015；Walkshäusl and Lobe, 2015）。这些文献对于发达国家的企业国际化具有较强的实用性，但是，很多发展中国家的企业处于国际化初级阶段（黄速建和刘建丽，2009），这部分企业是为了学习先进的管理经验，追赶技术方法而采取国际化战略。吴先明和苏志文（2014）运用后发国际化理论分析了中国企业对发达国家企业的技术寻求与追赶现象，认为技术追赶型企业国际化是一个能力更新的过程。同样关注于中国企业国际化，张建红和周朝鸿（2010）研究发现企业"走出去"的成败与否受到制度层面因素的影响。由于发达国家的法治水平、投资者保护水平高于发展中国家，发展中国家的企业走向发达国家的国际化战略对于提高发展中国家公司治理水平具有溢出效应（Albuquerque, Marques and Ferreira, et al. , 2019）。陈岩（2011）研究发现在不同的制度环境下企业国际化与逆向技术溢出二者之间的关系有所区别（刘明霞和王学军，2009）。

表2-1总结归纳了企业国际化经济后果以及企业国际化动因的相关文献。综上可知，已有文献关于企业国际化经济后果成本与收益的权衡尚存在争论，发达国家与发展中国家的企业国际化存在差异，而关注于中介机构企业国际化经济后果的文献较少，未来的研究可关注中介组织企业的国际化问题。

表 2 - 1   企业国际化经济后果与动因的经验证据

经验证据	主要观点	代表文献
企业国际化的经济后果	企业国际化对企业价值、企业绩效、市场风险等产生影响	Choi, Kim and Kim, et al. (2010); Lawrence, Minutti-Meza and Zhang (2011); Francis, Michas and Yu (2013)
	银行、分析师等中介机构企业国际化的经济后果	Rajamani, Poel and Jong, et al. (2017); 罗栈心, 麻志明和王亚平 (2018)
企业国际化的动因	发达国家企业为了获得低成本的生产要素, 发挥比较优势, 追求规模经济带来的收益而国际化	Bøler, Moxnes and Ulltvei (2015); Edmond, Midrigan and Xu (2015); Walkshäusl and Lobe (2015)
	发展中国家为了学习先进管理经验, 追赶技术而国际化	黄速建和刘建丽 (2009); 吴先明和苏志文 (2014)
	企业国际化受到制度层面因素的影响	Albuquerque, Marques and Ferreira, et al. (2019); 刘明霞和王学军 (2009); 张建红和周朝鸿 (2010); 陈岩 (2011)

2.1.2 会计师事务所国际化

上文梳理回顾了企业国际化的相关文献, 而会计师事务所是一种特殊的企业组织形式, 本部分对会计师事务所国际化的影响因素与经济后果的相关研究进行文献述评。

2.1.2.1 会计师事务所国际化影响因素的文献述评

早期有关会计师事务所国际化影响因素的文献主要是从国际化的动机以及国际化的方式等角度展开研究。

(1) 会计师事务所国际化的动机。会计师事务所国际化的动机主要可以分为两种。第一种是被动的国际化, 即审计需求因素, 会计师事务所为了满足客户的需求而国际化, 包括为客户企业的境外业务、客户企业的境外扩张战略提供审计服务等 (Post, Wilderom and Douma, 1998), 美国审计总署在其研究报告中提出会计师事务所国际化的驱动因素之一是客户企业的国际化。第二种是主动的国际化, 即审计供给因素, 会计师事务所为了参与国际竞争、扩大审计市场份额而国际化 (Cooper, Greenwood and Hinings, et al. , 1998)。

波斯特等（Post，Wilderom and Douma，1998）研究认为促使会计师事务所国际化的因素既可能是客户企业的国际化，也可能是会计师事务所国际化的品牌效应使得会计师事务所有发送这一积极信号的动机。无论是被动的国际化还是主动的国际化，都对审计师的能力提出了更高的要求（Gunn and Michas，2018）。布卢姆菲尔德等（Bloomfield，Brüggemann and Christensen，et al.，2017）研究发现欧洲各国强制采用国际财务报告准则体系（International Financial Reporting Standards，IFRS）之后，国际人才流动加强，尤其是审计师在各国之间的流动，有助于减少国际交流的阻力（Chen，Ng and Tsang，2015）。

从中国会计师事务所国际化的动机来看，相关研究大多采用案例分析法，以及归纳式研究方法（胡波，2010；黄益雄和李长爱，2016；郝莉莉和郭道扬，2017），而实证研究较少。部分文献将会计师事务所国际化与事务所做大做强政策相结合，韩晓梅和徐玲玲（2009a）研究发现非四大会计师事务所的国际化主要由市场竞争压力因素驱动，四大会计师事务所的国际化主要由客户企业国际化因素的驱动①。秦荣生（2003）则从注册会计师行业发展角度分析了事务所的国际化"渗透"策略。张立民和唐松华（2008）认为中国注册会计师行业的国际化发展动机是建立一批以中国事务所为主的大型国际混合产权事务所，为中国经济的国际化发展提供会计服务。

（2）会计师事务所国际化的方式路径。近年的研究对这一话题越来越关注，事务所国际化主要包括国际事务所联盟（Bills，Cunningham and Myers，2016）、加入国际会计网络组织（Carson，2009；Sunderland and Trompeter，2017；Bills，Hayne and Stein，2018；Downey and Bedard，2018；Gunn and Michas，2018），以及在 PCAOB 注册等方式。比尔等（Bills，Cunningham and Myers，2016）研究发现小规模事务所加入国际网络组织之后获取了一定的审计收费溢价。比尔等（Bills，Hayne and Stein，2018）通过对加入国际网络协会组织的 37 位会计师事务所合伙人进行访谈，发现小规模事务所确实需要通过加入大型国际网络协会组织来获取额外的资源支持。

---

① 由于四大会计师事务所国际化的驱动因素为客户企业国际化，而企业国际化的最初方向为从饱和的发达市场向发展中市场，所以四大国际化的初始方向也为向当时的发展中市场扩张。与此不同的是，非四大国际化的初始方向为向发达市场发展（韩晓梅和徐玲玲，2009a）。而中国事务所国际化的起步较晚，需要去成熟完善的市场学习国际经验。

从中国会计师事务所国际化的方式路径来看，已有文献大多采用描述式分析法、案例研究法总结归纳了中国会计师事务所的国际化方式（韩晓梅和徐玲玲，2009b；石党英，2015），以及对会计师事务所开展国际审计业务的监管合作方式（郝莉莉和马可哪呐，2017）。张立民和唐松华（2008）将中国会计师事务所国际化分为四个阶段方式：第一阶段，以引进外资事务所为主的国际化方式；第二阶段，对外资事务所进行产权规范；第三阶段，中国事务所向国际外资事务所学习经验，即借外资事务所优化中国事务所；第四阶段，外资事务所与中国事务所平等竞争。从20世纪90年代的中外合作所，名义上中外产权平分，实际上外资方独揽控制决策权，到后来的国际网络成员所，中国会计师事务所的国际化方式路径一直在不断的摸索中优化。

用实证研究的方法探究中国会计师事务所国际化方式的文献较少，其中，王咏梅和王鹏（2012）研究中国会计师事务所通过加入国际会计联盟组织的方式国际化对审计质量的影响。同样关注于事务所加入国际会计联盟组织这种国际化方式，例如：王善平和谢璟（2015）研究发现加盟之后审计收费有所提高；郑建明，白霄和赵文耀（2018）基于中国首次公开募股市场的数据，探究声誉效应与知识溢出效应在中国事务所加盟国际组织过程中发挥作用的机理途径。

以上文献关注于国际事务所联盟与国际网络协会组织，但是会计师事务所通过加入国际联盟与网络的方式国际化并不是审计美国等发达市场上市公司的必要条件，高质量的国际化需要在成熟完善的市场中开展审计业务，而要在美国市场中承接审计业务，就需要在PCAOB注册，这是审计美国公众公司的首要资质，是会计师事务所进入发达市场国家的入场券。因此本书从中国境内会计师事务所在PCAOB注册的视角分析事务所国际化的经济后果。

关注于美国会计师事务所国际化的方式路径，贾楠和李丹（2016）研究美国的会计师事务所审计在美国上市中国客户的三种方式：第一种方式，在中国设立事务所分支机构；第二种方式，外包给处于同一国际网络组织中的中国会计师事务所；第三种方式，外包给非同一组织的会计师事务所。研究发现第三种方式的审计质量较差。

表2-2总结归纳了会计师事务所国际化影响因素的经验证据，可知，中国会计师事务所国际化的方式路径不同于美国会计师事务所的国际化方式：美国会计师事务所国际化的程度较高，可以审计中国客户，中国客户也愿意

聘请美国会计师事务所；而中国会计师事务所国际化处于发展阶段，目前还没有给美国客户签字审计报告，美国客户目前还不愿聘请中国会计师事务所签字审计报告，中国事务所现阶段审计的大多还是在美国上市的中国客户。因此研究中国会计师事务所国际化不能照搬美国模式，应考虑中国的制度环境，寻找适合中国国情的国际化方式路径，逐步提高国际化能力，树立国际声誉。中国会计师事务所通过在 PCAOB 注册的方式获取审计美国上市公司的资格，虽然现阶段审计的大多还是在美国上市的中国客户，但是在申请注册的过程中需要符合 PCAOB 的注册标准①，学习国际执业经验与方法，这是未来审计美国客户的基础，未来的研究可以对会计师事务所在 PCAOB 注册的经济后果进行深入探究。

表 2-2 　　　　　　　会计师事务所国际化影响因素的经验证据

经验证据	主要观点	代表文献
会计师事务所国际化的动机	被动的国际化（需求），为了满足客户的需求	Post, Wilderom and Douma（1998）；Gunn and Michas（2018）；韩晓梅和徐玲玲（2009a）；胡波（2010）
	主动的国际化（供给），为了参与国际审计市场竞争、扩大审计市场份额	Cooper, Greenwood and Hinings, et al.（1998）；张立民和唐松华（2008）；郝莉莉和郭道扬（2017）
会计师事务所国际化的方式路径	国际会计联盟：声誉效应与知识溢出效应在中国事务所加入国际联盟中发挥作用	王咏梅和王鹏（2012）；曾亚敏和张俊生（2014）；王善平和谢璟（2015）；郑建明，白霄和赵文耀（2018）
	加入国际网络协会组织：获取专业资源，加强专业能力	Carson（2009）；Sunderland and Trompeter（2017）；Bills, Hayne and Stein（2018）；Downey and Bedard（2018）
	PCAOB 检查：利弊权衡，尚有争论	Lennox and Pittman（2010）；Fung, Raman and Zhu（2017）；Krishnan, Krishnan and Song（2017）
	美国的会计师事务所审计在美国上市的中国客户	贾楠和李丹（2016）

---

① 在本书第 3 章中的制度背景部分具体阐述。

2.1.2.2　会计师事务所国际化经济后果的文献述评

研究会计师事务所国际化经济后果的文献中，大多数学者认为国际品牌形象较好的审计师（国际四大会计师事务所）的审计质量较高（Choi, Kim and Kim, et al., 2010；Lawrence, Minutti-Meza and Zhang, 2011；Francis, Michas and Yu, 2013），而会计师事务所国际化是事务所树立国际品牌形象的战略选择。进一步基于事务所发展的动态视角，比尔等（Bills, Swanquist and Whited, 2016）研究发现尽管国际大型会计师事务所提供了高质量的审计服务，但是事务所的规模效应在短期内不能发挥积极作用，这是因为会计师事务所如果在短时间内快速扩张，可能会导致审计师超负荷工作，而审计师的工作效率在短期内无法迅速提升，事务所内部有限的资源无法合理配置，因此无法保证审计质量。与基于美国审计市场研究的发现不同，刘峰和周福源（2007）研究发现国际四大会计师事务所在中国审计市场中提供的审计质量并没有高于中国境内本土会计师事务所的审计质量，说明国际四大会计师事务所的声誉机制在中国没有发挥明显作用。那么中国境内会计师事务所国际化能否在声誉机制的作用下提高审计质量，已有文献对此研究问题尚未得出结论。

关于会计师事务所国际声誉的经济后果，部分文献基于 PCAOB 检查研究声誉机制和监管机制在 PCAOB 影响各国审计师行为过程中的作用渠道。这部分文献主要分为三类：

第一类文献研究 PCAOB 检查如何影响美国事务所的美国客户。伦诺克斯和皮特曼（Lennox and Pittman, 2010）研究发现由于 PCAOB 对事务所的检查未披露完整的评价审计质量的相关信息，导致 PCAOB 的检查报告不具有信息含量。进一步剖析原因，德丰（DeFond, 2010）比较了 PCAOB 检查和美国会计师协会（AICPA）自律管理的优劣，美国注册会计师行业从之前的协会自律管理，转变为 PCAOB 检查这种新的监管模式，需要考虑检查成本与监管效度之间的利弊权衡。从溢出效应的角度，奥伯迪亚（Aobdia, 2018）解释了 PCAOB 的检查压力在美国事务所中各审计师合伙人、各审计业务之间的传递现象，无论是否出现审计失败，PCAOB 检查均有助于提升审计质量，为 PCAOB 检查的有效性提供了经验证据。约翰逊等（Johnson, Keune and

Winchel，2019）通过与 20 位经验丰富的审计师进行访谈，发现美国会计师事务所在实施审计程序的过程中确实会考虑 PCAOB 检查施加给审计师的监管压力。

第二类文献研究 PCAOB 检查如何影响美国事务所的非美国客户。张然，陈思和汪剑锋（2014）研究发现在美国上市的中国客户若聘请接受 PCAOB 检查的美国事务所审计，则其审计质量较高，并且监管效应在允许 PCAOB 检查的非四大事务所中作用更明显，说明 PCAOB 检查与审计师声誉存在互补关系。

第三类文献研究 PCAOB 检查如何影响非美国事务所的非美国客户。拉莫雷奥（Lamoreaux，2016）研究发现在国际声誉和监管效应的影响下，PCAOB检查提高了非美国事务所对于在美国上市的非美国客户的审计质量。克里希南等（Krishnan，Krishnan and Song，2017）研究发现：在允许 PCAOB 检查的国家，相比于接受检查之前，检查之后在美国交叉上市的客户的审计质量有所提高；而未在美国交叉上市的客户以及不允许 PCAOB 检查的国家，PCAOB 检查的积极效应较弱；并且在允许 PCAOB 与当地监管机构开展联合监管的国家积极效应更加显著。在上述研究基础之上，冯等（Fung，Raman and Zhu，2017）从外部性的角度揭示了在允许 PCAOB 检查的国家，PCAOB检查对于未在美国上市的非美国客户的审计质量发挥积极作用的机理渠道（Van Linden and Mazza，2018）。进一步，什罗夫（Shroff，2020）关注于 PCAOB 检查对实体经济融资成本等资本市场配置效率的影响，研究发现PCAOB 检查有助于降低非美国事务所的非美国客户企业的融资成本。

表 2-3 总结归纳了会计师事务所国际化经济后果的经验证据，其中研究PCAOB 检查经济后果的相关文献，在审计研究框架中处于非常重要的位置，具有一定的理论与实践意义。PCAOB 检查是影响审计师动机的因素，而审计师的动机、能力以及资本市场完善的市场机制是会计师事务所提供高质量审计产品的重要保障，审计师的动机主要包括声誉机制，监管机制和诉讼机制三方面因素。已有文章大多关注允许 PCAOB 检查的国家，但无法区分声誉动机与监管动机，在允许 PCAOB 检查的国家，事务所既可能出于对建立国际品牌声誉的考虑而主动提供高质量的审计产品，也可能迫于 PCAOB 强制检查的压力而被动提高审计质量。而中国不允许 PCAOB 检查，因此研究中国会计师

事务所在 PCAOB 的自愿性注册行为，能够将审计师的国际声誉机制从监管机制中剥离出来，揭示会计师事务所国际化影响审计师决策行为、审计质量，以及资本市场信息质量的新渠道。

表 2 - 3   会计师事务所国际化经济后果的经验证据

经验证据	主要观点	代表文献
静态视角	国际品牌形象较好的审计师（国际四大会计师事务所）的审计质量较高	Choi, Kim and Kim, et al. (2010)；Lawrence, Minutti-Meza and Zhang (2011)；Francis, Michas and Yu (2013)
	国际四大在中国市场提供的审计质量并没有高于中国事务所	刘峰和周福源 (2007)
动态视角	PCAOB 检查如何影响美国事务所的美国客户	Lennox and Pittman (2010)；DeFond (2010)；Aobdia (2018)；Johnson, Keune and Winchel (2019)
	PCAOB 检查如何影响美国事务所的非美国客户	张然，陈思和汪剑锋 (2014)
	PCAOB 检查如何影响非美国事务所的非美国客户	Lamoreaux (2016)；Krishnan, Krishnan and Song (2017)；Fung, Raman and Zhu (2017)；Van Linden and Mazza (2018)；Shroff (2020)

综上可知，鲜有文献基于 PCAOB 注册的视角研究中国境内会计师事务所国际化的经济后果。在中国企业"走出去"，注册会计师行业高质量发展的今天，中国境内会计师事务所"走出去"能否发挥积极作用亟待研究。

2.2 审计师特征与审计定价的文献述评

会计师事务所国际化在审计研究框架中属于审计师特征之一，关于审计师特征与审计定价的相关文献主要从审计师能力与审计师动机两个维度展开研究，下文分别从审计师能力与动机两方面对审计师特征如何影响审计定价的已有经验证据做梳理述评。

2.2.1 审计师能力与审计定价

审计定价是审计供给要素与审计需求要素之间达到均衡的结果（Bandyo-padhyay and Kao, 2004；Hay, Knechel and Wong, 2006），其中审计供给要素取决于审计师能力和动机，而审计需求要素取决于客户能力和动机（DeFond and Zhang, 2014）。本部分主要关注审计师能力与审计定价的相关文献。

关于审计师能力的已有研究主要集中于审计师行业专业能力。审计师行业专业能力与审计定价的关系尚未得出一致结论：具备行业专业能力的审计师既可能带来差异化的审计产品质量从而提高审计定价；也可能带来规模经济从而降低审计定价。支持第一种观点的经验证据，吴溪和张俊生（2012）以中国境内会计师事务所为研究样本，实证检验结果显示审计师行业专业能力给事务所带来了较高的经济利益（衡量指标为审计收费），这是因为具备行业专业能力的审计师能够有效识别行业风险的关键点（彭雯，张立民和钟凯，2017），提供了高质量的审计服务产品，从而获取了客户信任，拥有了竞争优势，进而提高了审计定价。弗朗西斯等（Francis, Kenneth and Wang, 2005）研究发现相较于国家层面的审计师专业能力，具有区域层面行业专业能力的会计师事务所收取了较高的审计收费（Ferguson, Francis and Stokes, 2003）。

第二种观点认为审计师行业专业能力带来了规模经济效应，知识与经验的积累有助于审计成本的降低，从而促使审计师把部分规模经济收益传递给客户，因此审计定价降低。比尔等（Bills, Jeter and Stein, 2015）的经验证据支持了审计师行业专业能力的规模经济效应，实证检验发现具备行业专业能力的审计师对同质性行业中的客户收取了较低的审计费用（Cairney and Stewart, 2015），审计师的行业专业知识在同质行业之间发生转移，信息共享带来规模经济效应，从而降低审计定价。

出现两种观点争论的原因，一方面在于不同制度背景、时间区间等现实环境下，审计师行业专业能力与审计定价的关系由规模经济效应主导还是由产品差异化效应主导有所不同；另一方面受限于审计工时数据的可获取性，多数学者只能观测到总体审计定价，而更精确单位审计定价无法观测。基于不同时间区间的经验证据：冯等（Fung，Gul and Krishnan，2012）研究发现在萨班斯法案（SOX）实施之前审计师行业专业能力的规模经济效应较强，而在萨班斯法案实施之后审计独立性得到提升，审计市场结构发生变化，审计供给方的议价能力提高，因此行业专长审计师提高审计定价的效应较强。基于单位审计收费的经验证据：由于在韩国上市公司被强制要求在年度财务报告中公开披露审计工时信息，贝等（Bae，Choi and Rho，2016）基于韩国独特的制度背景发现具备行业专业能力的审计师收取了较高的总体审计收费，但其审计工时较多，因此单位审计定价较低，说明审计师行业专业能力有助于单位审计效率的提升，从新的视角解释了审计师行业专业能力与审计定价的关系。

综上所述，有关审计师能力的现有文献大多研究审计师行业专业能力，然而审计师行业专业能力仅仅是审计师能力的一个维度，但是由于缺少直接测度审计师其他能力的方法，并且受限于数据的可获取性，关于审计师其他能力的经验证据较少，随着研究方法与研究范式的多样化发展，近期开始出现关注于审计师国际业务能力（Gunn and Michas，2018）、公允价值审计专业能力（Glover，Taylor and Wu，et al.，2019；Griffith，2019）等维度的研究。

2.2.2　审计师动机与审计定价

上文对审计师能力与审计定价的相关文献进行了梳理述评，除此之外审计供给水平还取决于审计师的动机，体现为审计师出于对其声誉成本（Weber，Willenborg and Zhang，2008）、诉讼风险（邓新明，熊会兵和李剑峰等，2014），以及监管等因素的考虑而调整审计定价决策的动机。下文分别从声誉机制、诉讼机制与监管因素对相关文献进行梳理述评。

2.2.2.1　声誉机制与审计定价

审计师声誉是利益相关者对会计师事务所提供的审计服务质量赞美和信任的程度，关于审计师声誉与审计定价的已有研究发现声誉较高的会计师事务所收取了较高的审计收费（Choi，Kim and Kim，et al.，2010；Lawrence，

Minutti-Meza and Zhang，2011；Francis，Michas and Yu，2013；漆江娜、陈慧霖和张阳，2004）。一方面，表明客户愿意为声誉较高的审计师支付较高的收费；另一方面，说明声誉较高的审计师为了避免声誉受损，有动机提高努力程度，增加审计投入，从而使得审计成本增加，表现为审计收费的增加（陈宋生和田至立，2019）。

审计师声誉的高低受事务所规模大小的影响，已有研究发现规模越大的事务所对于声誉风险、审计风险越敏感（Casterella，Jensen and Knechel，2010；Eshleman and Guo，2014；Jiang and Son，2014；Buuren，Koch and Amerongen，et al.，2014）。一方面，规模越大的事务所在进行风险评估时，对于制度环境相关的风险点更加关注（Choi，Kim and Liu，et al.，2008）；另一方面，规模越大的事务所鉴别由环境所引发的风险点的能力可能更高。自西穆尼奇（Simunic，1980）的研究以来，审计定价方面的研究通常发现大型会计师事务所存在审计费用溢价，规模越大的事务所议价能力越高（Choi，Kim and Kim，et al.，2010）。在一项对过去 25 年间发表的 88 篇审计定价的研究文献（相关数据涉及 20 多个国家）进行元分析后，海伊等（Hay，Knechel and Wong，2006）发现，67% 的研究表明"八大"（"六大"或者"五大"）会计师事务所存在审计费用溢价。对审计费用溢价的一个解释是大型会计师事务所期望的审计质量高于小型会计师事务所。该观点得到其他许多研究的支持，例如，崔等（Choi，Kim and Kim，et al.，2010）研究表明审计质量随着会计师事务所规模的增大而提高，因为大会计师事务所和小会计师事务所面对的损失函数存在显著的差异（Lawrence，Minutti-Meza and Zhang，2011）。

2.2.2.2 诉讼机制与审计定价

审计定价反映为审计师为保障财务报告可靠性所付出的相应投入与努力，以及审计师针对审计风险而要求的风险补偿。基于"深口袋"理论，审计师需承担相应的审计风险，对于客户财务报告可靠性承担一定保险责任，一旦客户财务报告出现重大错报，审计师面临着较高的诉讼与赔偿成本，以及声誉损失，因而审计师会依据客户的审计风险水平，要求相应的风险补偿，以应对未来可能发生的诉讼与赔偿成本（Bedard and Johnstone，2004；Kim，

Lee and Park, 2015; 宋衍蕙, 2011; 张天舒和黄俊, 2013)。

2.2.2.3 监管因素与审计定价

审计师调整审计定价决策也可能是出于对监管因素的考虑。2000 年美国普华永道会计师事务所严重违反审计师的独立性原则，以及随后安然、世通等公众公司发生的会计丑闻事件使审计独立性、审计监管成为实务界与理论界的重要议题（Desir, Casterella and Kokina, 2014; Kao, Li and Zhang, 2014）。为了防止审计市场失灵，美国证券交易监督委员会（SEC）对独立性准则进行的修订，以及萨班斯法案（SOX）的颁布等一系列监管措施开始实施。黄等（Huang, Raghunandan and Rama, 2009）研究发现在萨班斯法案实施之后，审计师的低价竞争局面得到缓解，审计师提高了独立性，提高了初始审计定价。基于中国制度背景的经验证据表明随着中国监管制度的完善，为了减小处罚风险，审计师有动机加大审计投入，进而提高审计收费（刘笑霞, 2013）。

表 2-4 从声誉、诉讼与监管三个维度梳理总结了审计师提高审计定价的动机。

表 2-4　　　　　　　　　审计师动机与审计定价的经验证据

经验证据	主要观点	代表文献
声誉维度	为了避免声誉受损，有动机提高努力程度，增加审计投入，从而使得审计成本增加，表现为审计收费的增加	Francis, Michas and Yu（2013）; Buuren, Koch and Amerongen, et al.（2014）; 漆江娜、陈慧霖和张阳（2004）; 陈宋生和田至立（2019）
	客户愿意为声誉较高的审计师支付较高的收费	Choi, Kim and Kim, et al.（2010）; Lawrence, Minutti-Meza and Zhang（2011）
	规模越大的事务所对于声誉风险越敏感，其提高审计定价的动机越强	Casterella, Jensen and Knechel（2010）; Eshleman and Guo（2014）; Jiang and Son（2014）
诉讼维度	一旦客户财务报告出现重大错报，审计师面临着较高的诉讼成本，因此提高审计定价，以应对未来可能发生的诉讼	Bedard and Johnstone（2004）; Kim, Lee and Park（2015）; 宋衍蕙（2011）; 张天舒和黄俊（2013）

续表

经验证据	主要观点	代表文献
监管维度	SOX 法案实施之后，审计师为弥补潜在的处罚成本有动机提高审计定价	Huang, Raghunandan and Rama（2009）
	随着中国监管制度的完善，为了减小处罚风险，审计师有动机加大审计投入，进而提高审计收费	刘笑霞（2013）；陈硕、张然和陈思（2018）

2.3 审计师特征与审计质量的文献述评

审计质量是审计师能够发现被审计单位财务信息存在重大漏报、错报、持续经营等问题，并将问题披露的联合概率（DeAngelo，1981）。能否发现客户企业存在的重大问题取决于审计师能力；在发现问题的基础上，审计师是否愿意如实披露发现的问题取决于审计师动机。下文从审计师能力与审计师动机两方面对审计师特征如何影响审计质量的相关文献进行梳理述评。

2.3.1 审计师能力与审计质量

审计师能力是审计师提供高质量审计服务的基础（Griffith，2018）。从审计师能力特征来看审计师行业专业能力、会计师事务所发展战略、组织形式等因素会对审计质量产生影响。

2.3.1.1 审计师行业专业能力与审计质量

关于审计师行业专业能力与审计质量的关系，已有研究发现具备行业专业能力的事务所其内部具有完善的质量保障机制，并且对于行业特征具有深度了解，能够有效识别行业风险的关键点，从而能够提供较高的审计服务质量（Cahan，Jeter and Naiker，2011；Minutti-Meza，2013）。罗宾和张（Robin and Zhang，2015）研究发现审计师行业专业能力有助于降低股价崩盘风险，支持了行业专业能力较高的审计师其审计质量较高，能够提升财务信息质量，降低信息不对称（Balsam，Krishnan and Yang，2003；Gul，Fung and Jaggi，2009；Chin and Chi，2009；Reichelt and Wang，2010）。在同一会计师事务所内，当知识与经验的传递及分享所造成的网络协同效应（network synergy）越强时，则审计质量越高。当面临全新的审计议题或会计环境，如复杂的金融商品审计以及国际财务报告准则体系的采用等，此时行业专业能力较高的事务所尤其能够凸显其提供较高审计服务质量的竞争优势。

2.3.1.2 会计师事务所战略能力与审计质量

会计师事务所可以通过国际化、规模化、多样化与专业化等战略来寻找提高审计供给的最优状态，同时适应外部环境的变化，从而实现自身发展。会计师事务所国际化不是强权的产物，而是在审计需求与审计供给的内在推动下，审计方法、审计经验与审计文化跨越国家边界，发生国际交流、渗透与协同（秦荣生，2003）。会计师事务所国际化战略一方面需要考虑面临的外部国际环境，随着国际审计理论与实务的不断发展，国际社会对会计师事务所提供的审计服务质量期望值越来越高，审计师需要学习国际理论知识，积累国际经验，进而提高审计质量（韩晓梅和徐玲玲，2009a）；另一方面需要考虑内部的组织结构特征，会计师事务所在国际项目与国内项目之间合理配置资源，进而达到审计质量最优化（郑伟，刘瑾和马建威，2011）。

会计师事务所多样化与专业化并非对立矛盾的两种战略模式，随着会计师事务所规模的扩大，多样化与专业化发展战略存在着辩证统一的关系。局部上，会计师事务所依据各分所、项目团队的专长优势，合理分配内部资源，实现各分所的行业专业化发展（Cahan，Jeter and Naiker，2011；Whitworth and Lambert，2014；Zerni，2012；宋子龙和余玉苗，2018）；整体上，会计师事务所统筹规划，整合资源，发挥竞争优势，实现全方位多样化的高质量发展。

2.3.1.3 会计师事务所组织形式与审计质量

会计师事务所组织形式是整个专业服务中维护质量控制的基础。会计师事务所的业务特点及其人合重于资合的特征决定着其组织形式对于审计质量会产生重要影响，合适的组织形式能够清晰合理地界定会计师事务所和注册会计师的责任与权力，并反映其相互关系，为会计师事务所的质量控制提供有限的结构保障。现有理论研究以及实务界与法律界围绕会计师事务所组织形式问题有着不同的观点，由于会计师事务所的组织结构一定程度上依赖于审计市场中的竞争程度、行业集中度等外部环境因素，而不同的组织结构导致审计师承担着不同的法律责任（Firth，Mo and Wong，2012）：一方面，特殊普通合伙组织与有限责任公司制的会计师事务所相比，前者审计师个人的潜在法律风险较大，注册会计师个人的法律风险与会计师事务所的法律责任相互统一，因此部分学者认为特殊普通合伙组织的审计独立性水平与审计质量较高（Defond，2012；Lennox and Li，2012；邓新明，熊会兵和李剑峰等，2014；刘行健和王开田，2014）；另一方面，特殊普通合伙组织中合伙人以各人的私有财产对会计师事务所的风险承担无限连带责任，导致审计师"望而却步"，但是有限责任公司制下会计师事务所较低的审计质量促使审计信息使用者对于会计师事务所组织形式变革的呼吁日渐高涨。鉴于此，2010 年财政部发布《关于推动大中型会计师事务所采用特殊普通合伙组织形式的暂行规定》以期推动中国大中型会计师事务所的组织变革，将注册会计师的无限法律责任融入会计师事务所的组织形式中，提高整体审计质量水平。

总之，审计师能力与审计信息使用者期望二者之间的约束与激励机制受会计师事务所组织结构的影响，组织结构是会计师事务所完善内部治理体系以及质量控制标准的保障体制。

2.3.2 审计师动机与审计质量

审计独立性是审计师提供高质量审计服务的动机，是审计师不可或缺的重要特征，是各国学术研究以及实务界关注的重点问题。审计独立性要求审计师保持职业怀疑态度，审计独立性的理论框架包括实质上的独立和形式上的独立，根据《中国注册会计师职业道德守则第 4 号——审计和审阅业务对独立性的要求》：实质上的独立性是"一种内心状态，使得注册会计师在提出结论时不受损害职业判断的因素影响，诚信行事，遵循客观和公正原则，保持职业怀疑态度"；形式上的独立性是"一种外在表现，使得一个理性且掌握充分信息的第三方，在权衡所有相关事实和情况后，认为会计师事务所或审计项目组成员没有损害诚信原则、客观和公正原则或职业怀疑态度。"实质上的独立侧重于审计师个人层面，实质上的独立侧重于集体审计人员的给外界的印象，后者通常表现为持续经营审计意见、非标准审计意见的出具（Defond，Raghunandan and Subramanyam，2002；Geiger，Raghunandan and Rama，2005；Blay and Geiger，2013；Feng and Li，2014），会计师事务所的风险偏好（DeFond and Subramanyam，1998），以及会计师事务所辞聘（Krishnan and Krishnan，1997；Bockus and Gigle，1998；Zhan Shu，2000；Johnstone and Bedard，2003；Chen，Krishnan and Pevzner，2012；Khalil and Mazboudi，2016）等。审计独立性在审计师与客户的博弈过程中会产生重要影响（陈宋生和曹圆圆，2018），审计师保持高水平独立性，提供高质量审计服务的动机来自对声誉成本、诉讼风险与监管因素三个维度的考虑（DeFond and Zhang，2014），下文分别从声誉机制、诉讼机制与监管因素对相关文献进行梳理述评。

2.3.2.1 声誉机制与审计质量

声誉机制是审计师提供高质量审计服务的动机之一，审计师为了树立品牌形象，有动机向市场传递高质量审计的积极信号。已有研究认为声誉机制之所以能够促使审计师提高审计质量，是因为一方面良好的声望会为审计师带来竞争优势，皮特曼和福廷（Pittman and Fortin，2004）研究发现选择声誉较高的审计师有助于客户企业信息质量的提升，债务风险的降低，融资成本的下降（El Ghoul，Guedhami and Pittman，et al.，2016；Francis，Hunter and Robinson，et al.，2017；Robin，Wu and Zhang，2017）；另一方面负面的声望会导致审计师遭受巨大的经济损失，审计师声望是在长期给大量客户提供持续高质量审计服务的过程中积累形成的，一旦发生审计失败，将会导致审计师的声誉崩盘，故审计师有动机提高审计质量以维护品牌形象，降低潜在的声誉成本。2002 年发生的安然（Enron）-安达信（Andersen）审计失败事件为剖析审计师加强独立性的动机提供了重要参考。泉妮和菲利普（Chaney and Philipich，2002）研究发现安达信会计师事务所的客户企业在安然审计失败之后股价显著下降，表明安然审计失败导致了安达信事务所声誉严重受损，投资者不再信赖安达信事务所的审计质量；进一步克里希那穆蒂等（Krishnamurthy, Zhou and Zhou, 2006）研究结果显示安达信事务所变更为"四大"事务所之后，股价有显著提升，支持了高声誉事务所能够被市场所认可；关注于国际审计市场，纳尔逊等（Nelson, Price and Rountree, 2008）研究结果表明安然公司的审计失败不仅导致安达信事务所在美国市场的声誉严重受损、客户数量萎缩，而且这一效应还扩散至其他国家，全球市场份额急剧下降（Cahan, Emanuel and Sun, 2009）。在诉讼风险较低的国家，声誉受损同样会给会计师事务所带来严重后果：韦伯等（Weber, Willenborg and Zhang, 2008）研究发现毕马威会计师事务所在德国的审计失败事件使其客户股价下跌，因此要求更换事务所；同样在低诉讼风险的国家日本，普华永道审计失败事件导致其客户数量锐减（Skinner and Srinivasan, 2012）；而在诉讼风险较低的中国，王兵，尤广辉和宋戈（2013）研究发现会计师事务所合并促使审计师声誉的提高，这些研究把声誉成本与诉讼风险这两种审计师提高审计质量的动机剥离开来（Ke, Lennox and Xin, 2015；辛清泉和王兵，2010）。

审计报告使用者对审计质量的期望值受审计师声誉的影响，规模较大的会计师事务所声誉较高，因此，客户对大型会计师事务所审计质量的期望值较高，迪安杰洛（DeAngelo, 1981）认为大规模事务所的声誉成本是审计师提高独立性的重要影响渠道之一，规模越大的事务所累计准租金越多（刘峰，谢斌和黄宇明，2009），若其未对客户财务报告中的重大错报发表适当的审计意见，则审计师的声誉受损成本更大，因此规模较大的会计师事务所更为重视声誉受损的后果，为了保持声誉与公众信任度，其提高审计质量的动机更强（Chung and Kallapur, 2003；漆江娜，陈慧霖和张阳，2004）。

2.3.2.2 诉讼机制与审计质量

诉讼风险也是审计师提高审计质量的重要动机，审计师与审计信息使用者之间存在委托代理问题，审计师面临的潜在诉讼风险有助于减小提供的审计服务质量与委托人预期之间的差异。布雷（Blay, 2005）通过针对审计师进行调研，实验研究发现潜在诉讼风险会导致审计师在审计过程更加谨慎，更加注重审计独立性；并且，卡普兰和威廉姆斯（Kaplan and Williams,

2013）也提供了直接证据，发现较高的事前潜在诉讼风险会导致审计师提高独立性与审计质量，增加出具持续经营审计意见的概率，而且持续经营审计意见会降低审计师事后被诉讼的可能性，从而支持了审计师出具持续经营审计意见，提高审计独立性主要是基于诉讼风险的考虑。

由于我国会计师事务所的早期组织形式为在政府支持下由政府等单位设立，在当时的"挂靠"阶段，会计师事务所在挂靠单位的保护伞下能够逃避部分审计失败的责任，诉讼机制无法发挥作用。随着我国独立审计的发展，会计师事务所脱钩改制等一系列改革的实施，审计师的责任在不断强化，虽然在中国审计市场中会计师事务所面临的诉讼风险不及发达资本市场国家，但是我国审计市场的法律责任体系正在日趋完善，诉讼机制发挥着日趋重要的作用（刘启亮，李祎和张建平，2013），成为审计师减小审计质量与审计期望二者差距的重要动机。

2.3.2.3 监管因素与审计质量

对于监管因素的考虑是审计师提供高质量审计的第三种动机。在上文声誉维度与诉讼维度的文献中，声誉机制与诉讼机制分别强调审计师——客户关系中的信息供给端与需求端，然而审计信息具有公共产品的属性，若仅靠市场内部供给与需求因素的自发调节可能会有市场失灵情况的发生，导致审计师力量与客户力量的差距悬殊，甚至出现审计师与客户合谋损害审计独立性的情况，因此需要外部监管因素的介入。2002 年美国萨班斯法案（SOX）颁布实施，成立的美国公众公司会计监督委员会（PCAOB）对美国会计师事务所实施定期检查，如果在之前的检查中被发现审计缺陷，审计师可能有额外的动机采取适当的补救措施，并加强事务所整体层面的质量控制，以避免在后续检查中再次被 PCAOB 处罚。约翰逊等（Johnson, Keune and Winchel, 2019）通过与 20 位经验丰富的审计师进行访谈，发现审计师在实施审计程序的过程中确实会考虑监管因素，为了避免 PCAOB 的惩处，审计师有动机提高审计质量，按照监管要求完善会计师事务所质量控制标准（Aobdia, 2018）。冯等（Fung, Raman and Zhu, 2017）研究发现 PCAOB 对美国上市公司的审计师进行监管不仅能保护美国上市公司的投资者，而且对于美国境外的投资者保护以及审计质量提升具有积极的外部性。类似地，美国食品药物监管局

（FDA）对跨国公司的监管也具有积极的外部性，有利于境外投资者
（McLain，2014）。PCAOB 对在其注册的美国境内外会计师事务所进行监管，
并对有缺陷的事务所采取后续纪律处罚，会影响事务所声誉，增加审计师的
潜在声誉成本（DeFond，2010；Farrel and Shabad，2005），对此，事务所有
加强事务所整体层面质量控制的动机，提高在美国上市或在美国以外地方上
市的所有客户的审计质量。

表 2 - 5 从声誉、诉讼与监管三个维度梳理总结了审计师保持高水平独立
性，提供高质量审计服务的动机。

表 2 - 5 审计师动机与审计质量的经验证据

经验证据	主要观点	代表文献
声誉维度	正面声誉带来竞争优势，审计师出于避免声誉受损的动机而提高审计质量	El Ghoul，Guedhami and Pittman，et al.（2016）；Francis，Hunter and Robinson，et al.（2017）；Robin，Wu and Zhang（2017）
	负面声誉带来经济损失，故审计师有动机提高审计质量，降低潜在声誉成本	Nelson，Price and Rountree（2008）；Cahan，Emanuel and Sun（2009）；Krishnamurthy，Zhou and Zhou（2006）；Skinner and Srinivasan（2012）
	规模较大的事务所更为重视声誉受损的后果，其提高审计质量的动机更强	DeAngelo（1981）；Chung and Kallapur（2003）；刘峰、谢斌和黄宇明（2009）；王兵、尤广辉和宋戈（2013）
诉讼维度	潜在诉讼风险导致审计师更谨慎，更注重独立性与审计质量	Blay（2005）；Kaplan and Williams（2013）；刘启亮、李祎和张建平（2013）
监管维度	为了避免 PCAOB 的惩处，审计师有动机提高审计质量	Johnson，Keune and Winchel（2019）；Aobdia（2018）
	监管问询促使审计师提高审计独立性以降低处罚风险	米莉、黄婧和何丽娜（2019），彭雯、张立民和钟凯（2019）；王艳艳、谢婧怡和王迪（2019）

从客户层面来看，已有文献大多从需求角度分析审计质量的驱动因素，
而对审计供给的探讨还不够深入，供给与需求只有在均衡状态下才能达到审
计质量的最优水平，因此未来研究需进一步关注审计质量的供给端驱动因素，
以便为会计师事务所特征如何影响审计质量提供更为丰富的理论证据。

2.4　会计信息可比性的文献述评

不同公司提供的会计信息是否可比，审计作为信息中介在其中发挥着重要作用（Francis，Pinnuck and Watanabe，2014）。会计信息可比性是指对于相同或相似的经济业务，不同主体公司的会计系统生成财务信息的相似程度①。会计信息可比性作为财务信息有用性的基本属性，受到了学术界越来越多的关注。下文从会计信息可比性的经济后果与影响因素两方面进行文献述评。

2.4.1　会计信息可比性经济后果

作为信息质量的重要特征之一，会计信息可比性是国际会计准则趋同浪潮下的热点研究问题。然而由于其测度较为困难，在早期的文献中关于会计信息可比性的实证研究较少。根据会计信息可比性的定义，对于相似的交易业务在会计报表上反映的差异越大，可比性越低；反之，越高。德弗兰科等（De Franco，Kothari and Verdi，2011）依据盈余 – 收益回归模型，开创性地提出直接测度企业层面会计信息可比性的方法，此后关于会计信息可比性的研究逐渐增多。现有研究发现会计信息可比性在资本市场、公司治理、公司金融（Defond，Hu and Hung，et al.，2011）等方面能够发挥一定的作用。

2.4.1.1　从资本市场角度

崔等（Choi，Choi and Myers，et al.，2019）研究发现会计信息可比性的提升促使未来盈余反应系数（FERC）的提高，说明会计信息的可比有助于股价信息含量的提升，从而能够减小投资者在预期公司未来业绩时的噪声；金等（Kim，Kraft and Ryan，2013）研究发现可比的会计信息有助于降低信

---

① 根据美国财务会计准则委员会（简称 FASB）于 1980 年发布的第二号财务会计概念公告（简称 SFAC No. 2）

用风险，同时降低债券市场当中买卖价差。

2.4.1.2 从公司治理角度

洛博等（Lobo，Neel and Rhodes，2018）研究发现会计信息可比性会影响公司高管的相对绩效评估契约，可比性越高则公司高管的绩效评估契约越能体现其风险分担的积极效应；陈等（Chen，Collins and Kravet，et al.，2018）基于并购视角研究发现当目标公司的会计信息可比性与其所在行业中其他公司的会计信息可比性较高时，收购方公司能够做出较优的并购决策，并购绩效较高，并且更能够发挥并购协同效应，并购之后的业绩更好。

2.4.2 会计信息可比性影响因素

通过上文对会计信息可比性的经济后果进行文献述评可知，会计信息可比性在资本市场中发挥着极为重要的作用，既然如此重要，那么如何保证不同主体在发生相似交易事项时生成的会计信息能够相互可比是理论研究的焦点问题。由于不同主体对会计方法选择的一致性会导致会计信息的可比性，而对于会计信息可比性的直接测度存在困难，因此在过去的很长一段时间内关于会计信息可比性影响因素的文献，主要集中于间接研究企业会计方法选择的影响因素（Lang，Raedy and Wilson，2006）。然而会计方法可比并不能等同于会计信息可比，随着学术研究方法的发展以及会计准则的国际趋同，部分学者开始直接探究会计信息可比性的衡量方法以及影响因素（Yip and Young，2012；袁知柱和吴粒，2012）。度量会计信息可比性的关键是需要找到配对企业，德弗兰科等（De Franco，Kothari and Verdi，2011）从会计信息可比性的本质出发，依据盈余－收益回归模型，开创性地提出直接测度企业层面会计信息可比性的方法。部分学者认为强制采用 IFRS 有助于提高会计信息可比性（Wang，2014；Bloomfield，Brüggemann and Christensen，et al.，2017；Neel，2017）。另一种观点认为国际财务报告准则体系的强制执行对会计信息可比性的提升作用有限：卡希诺和加森（Cascino and Gassen，2015）以 2001～2008 年的 29 个国家为样本，发现只有在严格实施国际财务报告准则体系的企业，其会计信息可比性才能够提升。

综上所述，通过对已有文献的梳理分析可以发现关于会计信息可比性影响因素的现有研究大多关注于会计、审计准则国际趋同对会计信息可比性的影响（Barth，Landsman and Lang，et al.，2012；Yip and Young，2012；Brochet，Jagolinzer and Riedl，2013；Eng，Sun and Vichitsarawong，2014；Cascino and Gassen，2015）。但即使是在相同的会计准则体系下，各个企业主体也拥有一定的选择会计处理方法的空间（Francis，Pinnuck and Watanabe，2014），而审计师所具有的专业能力，包括对准则的理解运用能力、专业的职业判断力、丰富的会计知识与经验储备等，有助于会计人员恰当选择反映公司实际经营状况的会计处理方法与会计政策。那么审计师供给能力的特征如何影响会计信息可比性，未来的研究有待进行深入探讨。

2.5　研究现状评价

本章首先对企业国际化与会计师事务所国际化的相关研究进行了文献述评，接着从审计师能力与动机层面分别对审计师特征与审计定价、审计师特征与审计质量之间的关系进行了文献述评，最后对审计师特征与会计信息可比性的相关文献进行了梳理。通过对现有研究的总结归纳可以发现审计师特征影响审计定价决策行为、审计质量、会计信息可比性的相关文献已取得大量的研究成果，也存在一定的研究局限，归纳为以下几点：

（1）相比于会计师事务所国际化的文献，关注企业国际化的研究较多。关于企业国际化的经济后果，已有文献从企业国际化如何影响企业价值（邓新明，熊会兵和李剑峰等，2014）、企业绩效（杨忠和张骁，2009；赵曙明，高素英和耿春杰，2011）、市场风险（Berger，El Ghoul and Guedhami，et al.，2017）、经济周期在世界各国之间的传染效应（Cravino and Levchenko，2016）等方面展开研究。关于企业国际化的动因，已有研究大多基于利益最大化等经济学理论权衡企业国际化的成本与收益：获得低成本的生产要素；企业规模经济带来的收益；发挥企业的比较优势等（Bøler，Moxnes and Ulltveit，2015；Edmond，Midrigan and Xu，2015；Walkshäusl and Lobe，2015）。这些文献对于发达国家的企业国际化具有较强的实用性，但是，很多发展中国家的企业处于国际化初级阶段（黄速建和刘建丽，2009），这部分企业是为了学习先进的管理经验，追赶技术方法而采取国际化战略。因此基于中国独特的制度背景探究会计师事务所国际化的经济后果，具有一定的增量价值。

（2）关于审计定价、审计质量的影响因素，现有文献主要从审计师动机与能力双重维度研究审计师特征对审计师行为、审计结果的影响。审计师动机主要包括声誉机制、诉讼机制以及监管因素三个层面：第一，在声誉机制的影响下，审计师为了避免声誉受损，有动机提高努力程度，增加审计投入，从而使得审计成本增加，表现为审计收费的增加，审计质量的提高；第二，在诉讼机制的影响下，审计师有提高审计定价的动机，并且潜在诉讼风险会导致审计师更加谨慎，更加注重审计独立性与审计质量；第三，在监管因素的影响下，为了避免受到监管处罚的风险审计师有提高审计独立性，审计质量的动机，同时也会调整审计定价决策以进行成本补偿。审计师能力方面，已有文献主要集中于审计师行业专业能力。审计师行业专业能力与审计定价的关系尚未得出一致结论：具备行业专业能力的审计师既可能带来差异化的审计产品质量从而提高审计定价；也可能带来规模经济从而降低审计定价。除了审计师行业专业能力之外，会计师事务所的发展战略、组织形式等因素业会对审计质量产生影响。综上可知，关于审计师特征经济后果的现有文献已经形成了较为完整的研究体系，然而在市场开放的环境下，已有文献对会计师事务所国际化这一重要的审计供给特征经济后果的研究还不够深入。

（3）关于会计信息可比性的文献，相较于研究其影响因素，探究会计信息可比性经济后果的文献较多，现有研究发现会计信息可比性在资本市场（Choi，Choi and Myers，et al.，2019）、公司治理（Lobo，Neel and Rhodes，2018）、公司金融（Defond，Hu and Hung，et al.，2011；Chen，Collins and Kravet，et al.，2018）等方面能够发挥一定的作用。从会计信息可比性的影响因素来看，在会计准则、审计准则国际协调、趋同的背景下，未来研究可关注企业国际化、中介组织国际化对会计信息可比性的影响机理。

第3章
制度背景与理论基础

3.1 制度背景：中国会计师事务所
国际化发展历程

中国会计师事务所国际化发展之路经历了萌芽期—成长期—发展期三个演变阶段（如图3-1所示）。本节分阶段对中国会计师事务所国际化发展情况做梳理归纳。

图3-1　中国会计师事务所国际化发展历程

3.1.1　萌芽期（2005年以前）

20世纪90年代，随着企业国际化的步伐，中国会计师事务所国际化展露苗头。在世界经济一体化的背景下资本市场国际化趋势日益明显，国际流动资本不断增长，产生了对会计服务市场开放的需求。1997年5月世界贸易组织（下文简称 WTO）颁布《会计服务业相互承认协定》，以期推进会计服务业的国际化进程，使会计服务业进入国际贸易范畴；1998 年 12 月 WTO 颁布《会计服务业国内规范守则》，针对各国内部会计资格认证、许可条件及程序等提出具体要求，避免会计服务业国际化进程中可能出现的潜在阻碍。中国于 2001 年 12 月加入 WTO，此后涌现出大量中国跨国企业，由此产生了对于会计师事务所承接国际业务能力的新要求，中国允许境外会计师事务所进入中国审计市场，使得中国审计市场成为国际审计市场的一部分，同时也导致当时中国境内会计师事务所的市场份额下降，之后为了让中国境内会计师事务所能够与境外会计师事务所竞争抗衡，提高中国境内会计师事务所国际化能力就被提升到国家层面的重要位置，为中国会计师事务所"走出去"提供了契机，国际化成为中国会计师事务所发展的必由之路。从"引进来"到"走出去"战略，事务所国际化能否发挥积极作用？有待本书进行深入研究。

2004 年 11 月，中国注册会计师协会第四次全国会员代表大会（下文简称"四代会"）提出把会计师事务所国际化战略、注册会计师人才培养战略、审计准则国际趋同战略一同作为行业发展的三大战略目标，中国会计师事务所开始走上国际化发展道路。在"四代会"的基础上，2005 年注册会计师行业部署形成国际化发展路线图，正式翻开了中国会计师事务所走向国际的新篇章。

会计师事务所国际化萌芽期大事纪要，如表 3 – 1 所示。

表 3 – 1	会计师事务所国际化萌芽期大事纪要	
时间	政策文件/重要事件	发布者/组织者
1997 年 5 月	《会计服务业相互承认协定》	WTO
1998 年 12 月	《会计服务业国内规范守则》	WTO
2004 年 11 月	"四代会"国际化战略目标	中国注册会计师协会

3.1.2 成长期（2005～2011 年）

中国会计师事务所国际化发展的成长期始于 2005 年，该阶段围绕"四代会"确立的三大战略目标，分三个层面部署注册会计师行业的国际化发展路线：国际化人才培养、事务所做大做强、审计准则国际趋同。

国际化人才培育是会计师事务所国际化发展的基础。为贯彻会计师事务所国际化战略对审计师能力的要求，培养具有承接国际业务能力的审计师，中国注册会计师协会于 2005 年 6 月发布《关于加强行业人才培养工作的指导意见》，重点培养符合会计师事务所国际化发展要求的会计师事务所管理人才；2007 年 10 月《中国注册会计师胜任能力指南》（下文简称《指南》）发布，《指南》第十条指出审计师应获取国际财务报告准则、国际审计准则、国际金融、国际贸易、国际商务等基础知识，为培育具有国际专业水平的审计师提供重要指导。推动与国际会计组织在职业培训、专业测试等领域的交流合作，使中国的注册会计师考试为国际认可，同时支持中国审计师取得国际认可的境外注册会计师资格，为中国的审计师进入国际市场打下基础。

国际化是会计师事务所做大做强的重要标志。2007 年 5 月，中国注册会计师协会发布《关于推动事务所做大做强的意见》，掀起了会计师事务所合并热潮的序幕，旨在通过鼓励事务所之间的合并，提高审计师市场集中度以及审计师专业胜任能力，在做大做强的基础上培育服务中国企业"走出去"、有能力提供高质量国际审计产品的会计师事务所，该意见第二条指出要以国际审计市场为平台，以国际经济环境为参照，以国际发展为导向，积极发展一批具有国际影响力的中国会计师事务所，形成在国际市场中的核心竞争力，在不断巩固国内市场的同时，积极探索中国会计师事务所"走出去"的方式路径，大力开拓国际市场，建立中国会计师事务所的国际品牌形象，实现中国注册会计师行业国际化发展的新跨越；同年 12 月，财政部、公安部、商务部、中国人民银行等九部委联合发布《关于支持会计师事务所扩大服务出口的若干意见》，全面提出鼓励会计师事务所"走出去"的政策导向。2008 年 1 月开始实施的《会计师事务所内部治理指南》、2009 年 10 月国务院办公厅转发财政部的《关于加快发展我国注册会计师行业的若干意见》、2010 年 2 月中国注册会计师协会印发的《关于贯彻落实国务院办公厅转发财政部关于加快发展我国注册会计师行业若干意见的实施意见》等一系列政策文件，加快了会计师事务所做大做强，向国际化发展的步伐。

审计准则国际趋同对会计师事务所来说既可能是机遇也可能是挑战。

2006 年 2 月财政部正式发布中国注册会计师审计准则，顺应国际趋同大势的新审计准则体系的建立，标志着我国审计准则实现了与当时国际审计准则的实质性趋同。随着国际审计准则的修订，中国注册会计师审计准则亟须完善以应对审计环境的变化，财政部在 2010 年 11 月发布修订后的中国注册会计师审计准则，与国际审计准则全面趋同。

会计师事务所国际化成长期大事纪要，如表 3 - 2 所示。

表 3 - 2　　　　　　　　会计师事务所国际化成长期大事纪要

战略层面	时间	政策文件/重要事件	发布者/组织者
1. 国际化人才培养	2005 年 6 月	《关于加强行业人才培养工作的指导意见》	中国注册会计师协会
	2007 年 10 月	《中国注册会计师胜任能力指南》	中国注册会计师协会
2. 事务所做大做强	2007 年 5 月	《关于推动事务所做大做强的意见》	中国注册会计师协会
	2007 年 12 月	《关于支持会计师事务所扩大服务出口的若干意见》	财政部等九部委
	2008 年 1 月	《会计师事务所内部治理指南》	中国注册会计师协会
	2009 年 10 月	《关于加快发展我国注册会计师行业的若干意见》	国务院办公厅转发
	2010 年 2 月	《关于贯彻落实国务院办公厅转发财政部关于加快发展我国注册会计师行业若干意见的实施意见》	中国注册会计师协会
3. 审计准则国际趋同	2006 年 2 月	中国注册会计师审计准则与国际审计准则实质性趋同	财政部
	2010 年 11 月	修订后的中国注册会计师审计准则与国际审计准则全面趋同	财政部

3.1.3　发展期（2011 年以来）

2011 年 9 月，中国注册会计师协会发布《中国注册会计师行业发展规划 (2011—2015 年)》，积极推进会计师事务所国际化能力与国际认可度的提升，标志着中国会计师事务所国际化进入发展期。2012 年 6 月，中国注册会计师协会印发《关于支持会计师事务所进一步做强做大的若干政策措施》，指出注册会计师行业作为服务业的重要组成部分，加快实现规模化、国际化、品牌化，进一步做大做强是这一阶段行业发展的目标；2013 年 3 月印发《关于印发〈支持会计师事务所进一步做强做大若干政策措施奖励资金申报办法〉的通知》，对有国际化潜力的会计师事务所给予资金扶持。在以上政策的持续推进下，注册会计师行业不断优化整合资源，会计师事务所国际化战略成为从审计供给端创造价值的新引擎。

审计准则国际趋同方面，在当今全球经济一体化背景下，财务报表要求越来越复杂，财务报表使用者对于高质量信息的需求日益增长，希望了解更多有关的审计信息，在这样的需求下，国际审计与鉴证准则理事会（简称 IAASB）对国际审计准则进行改革，2015 年 1 月发布新制定的国际审计准则，为财务报表使用者提供更多决策有用信息；2016 年 12 月财政部印发《中国注册会计师审计准则第 1504 号——在审计报告中沟通关键审计事项》等 12 项新审计准则，新准则从 2017 年 1 月起在 A ＋ H 股公司及 H 股公司率先执行，从 2018 年 1 月起进入全面执行阶段，加强审计报告对信息使用者的效用，保持与国际审计准则持续全面的趋同。

会计师事务所国际化发展期大事纪要，如表 3 - 3 所示。

表 3 - 3 　　　　　　　　　会计师事务所国际化发展期大事纪要

时间	政策文件/重要事件	发布者/组织者
2011 年 9 月	《中国注册会计师行业发展规划（2011—2015年）》	中国注册会计师协会
2012 年 6 月	《关于支持会计师事务所进一步做强做大的若干政策措施》	中国注册会计师协会
2013 年 3 月	《关于印发〈支持会计师事务所进一步做强做大若干政策措施奖励资金申报办法〉的通知》	中国注册会计师协会
2016 年 12 月	《中国注册会计师审计准则第 1504 号——在审计报告中沟通关键审计事项》等 12 项新审计准则保持与国际审计准则持续全面的趋同	财政部

在会计师事务所国际化相关政策的推动下（见表 3 – 3），中国会计师事务所国际化进程取得阶段性成效，实现了对美国纽约 N 股、香港 H 股等境外市场业务的拓展，形成了一批拥有国际团队、品牌、市场的会计师事务所。在中国香港资本市场中，截至 2019 年已有 7 家中国境内会计师事务所拥有为香港 H 股上市公司提供审计服务的资格（包括立信、天健、大华、信永中和、瑞华、致同、大信）。在美国市场中，截至 2019 年已有 40 家中国会计师事务所（包括国际四大会计师事务所的中国成员所）在 PCAOB 注册，其中 13 家为中国境内证券从业资格会计师事务所，同时拥有在中国境内和美国资本市场中为上市公司提供审计服务的资格。

3.1.4 中国会计师事务所在 PCAOB 注册情况

早在 2004 年 8 月就有立信、致同与中华三家会计师事务所在 PCAOB 注册[1]，随后，大华、天健、瑞华等多家事务所先后在 PCAOB 注册。在 PCAOB 注册是审计美国上市公司[2]的必要条件，会计师事务所要在 PCAOB 注册，首先必须向 PCAOB 提交填写完整的注册申请表，并支付申请费，只有经过 PCAOB 的审核批准，会计师事务所才能获取注册资质，才可审计在美国上市的客户企业。注册的会计师事务所需要向 PCAOB 提交年度报告，并在某些特定事件发生时（包括会计师事务所或审计师个人受到法律诉讼、处罚等）及时提交特殊报告。在向 PCAOB 提交的年度报告中，会计师事务所需要列出本年度已审计的客户企业，新签约客户企业，审计工作流程是否符合国际审计准则、是否符合国际执业标准，是否审计境外客户企业等信息。

由上可知，在 PCAOB 注册的会计师事务所需要主动向 PCAOB 报送相关材料，而在 PCAOB 注册的会计师事务所不一定都接受 PCAOB 检查。由于涉及国家经济安全等问题，中国不允许 PCAOB 检查，中国会计师事务所只有自愿在 PCAOB 注册申请过程中主动向 PCAOB 提交注册材料，而没有接受强制

---

[1] 根据美国《2002 年公众公司会计改革和投资者保护法案》的规定，对美国上市公司、代理商、交易商进行审计，或在此类审计过程中承担重要工作的非美国会计师事务所，需要获得 PCAOB 的注册审批。

[2] 包括在美国上市的中国公司，后文中的"美国上市公司"等同于"在美国上市的公司"。

性的 PCAOB 检查，因此 PCAOB 的检查效应对中国会计师事务所并不适用，这不同于其他允许 PCAOB 检查的国家。在这样独特的制度背景下，本书研究中国会计师事务所主动在 PCAOB 注册的经济后果，以期揭示事务所国际化发挥作用的新途径。

3.2 审计供给相关理论基础

借鉴经济学理论中的供给概念，现有研究将审计供给定义为会计师事务所有能力并且有动机提供的审计服务质量与数量水平（DeFond and Zhang，2014）。会计师事务所的能力与动机是构成审计供给的关键因素，下文分别从学习效应理论、声誉理论以及代理理论分析审计供给的能力与动机。

3.2.1 学习效应理论

基于学习效应理论分析，布鲁纳（Bruner，1986）认为新知识的获得是一种积极的认知过程（Commerford，Hatfield and Houston，et al.，2017）。学习效应对于人和组织尤为重要，主要体现在两方面特征：首先，人和组织的产出是以智力资本为基础，对专业技能知识的无形应用；其次，拥有学习能力较高的专业人才对人和组织的发展至关重要。而会计师事务所就属于典型的智力资本占优的人和组织，审计师通过提高学习能力，更新知识储备。随着社会经济的发展，信息技术日新月异，注册会计师在学习审计专业知识的基础上还需要学习抽样统计、宏观经济、计算机与大数据等方面的知识，以提升审计供给水平，缩小审计期望差距。

在不同会计师事务所之间存在学习效应，知识传递，经验分享。会计师事务所积累资源、学习知识的能力是解释其拥有核心竞争力、获得超额收益的重要因素。会计师事务所能否持续发展、提供高质量审计服务、保持异质性的关键在于专业能力与学习能力的高低，而能力需要以资源为依托（Wernerfelt，1984），资源积累、学习专业技能的效率与方式决定着会计师事务所的边界。中国境内会计师事务所为了满足 PCAOB 注册的要求，需要提高自身专业能力，学习国际上先进的技术，组建国际化团队，提高会计师事务所的整体质量控制标准，从而提升审计质量（Bills，Cunningham and Myers，2016）。在会计师事务所内部也存在知识的积累与转移，知识与经验的传递及分享所造成的网络协同效应。随着会计师事务所内部的人员调配，具有国际化能力的专业人才在事务所内部各分所以及各项目之间流动，疏通了审计师之间的学习交流渠道。

3.2.2 声誉理论

经济学理论认为声誉源于行动者的长期动态博弈，是缓解信息不对称、减小不确定性的一种信号传递机制（Bennouri，Nekhili and Touron，2015；Skinner and Srinivasan，2012；李晓慧，曹强和孙龙渊，2016）。审计师声誉是各方利益相关者对会计师事务所审计质量、注册会计师专业水平的整体评价，是审计师行为获得社会认可，进而实现价值创造的能力。由于"柠檬市场"的存在，加上审计报告的文本信息含量有限，使得审计信息使用者无法直接鉴别审计质量的高低，审计供给方与资本市场中的利益相关者之间存在信息不完全对称。而会计师事务所要想获得利益相关者认可，树立品牌形象，则需要从长远考虑的发展视野，持续提供高质量的审计服务，因为在声誉机制下会计师事务所当期提供的审计服务质量即为审计师专业能力高低的信号，决定着审计师与现有客户契约关系的稳定度，以及审计师未来能否吸引潜在客户，进而影响会计师事务所在审计市场中的占有份额。

审计师声誉是一种隐性契约，在审计供给与社会期望之间达到动态平衡，建立审计供给方与委托方之间的信任关系，从而降低交易成本。审计师声誉机制可以分为四个阶段：一是审计师努力构建的声誉形成机制；二是获取溢价以及创造价值的声誉作用机制；三是一旦发生审计失败的声誉损毁机制；四是付出更多艰辛努力重塑形象的声誉修复机制。以上四个阶段循环往复，动态发展，实现协同均衡。审计师声誉也是会计师事务所的一项品牌资源。与无形资产相似，会计师事务所声誉这项品牌资源的价值在于吸引拥有高水平专业能力的注册会计师加盟、体现高质量的审计服务、提高审计供给方的话语权、取得客户企业的认同、传递会计师事务所的良好形象。

3.2.3 代理理论

任何进行团队生产的企业组织都存在委托代理问题，会计师事务所合伙人（股东）与项目主审计师（管理层）之间也存在委托代理问题，由于信息不对称，审计师可能有采取短期机会主义行为的动机，而完善的会计师事务所内部治理体系能够有效抑制审计师机会主义动机（龚启辉，李志军和王善平，2011），有助于减缓会计师事务所内部股东与项目主审计师之间的利益矛盾、督促审计师学习专业知识、提高专业能力、建立有效的激励与惩罚机制、提高审计供给的效率和质量（杨瑞平，2010）。对于国际化的中国境内会计师事务所而言，国际审计市场竞争更为激烈，为了提高审计质量，合伙人施加给审计师的压力增大，通过加强事务所内部治理（王春飞，吴溪和曾铁兵，2016），包括建立国际化注册会计师的培训机制、国际化项目团队的选聘机制、国际专业技能人才的薪酬激励机制等，从而提升整体审计质量（杨世信，刘运国和蔡祥，2018）。

3.3 国际化相关理论基础

3.3.1 企业国际化与竞争优势理论

竞争优势是指企业在产品质量、生产效率、服务水平等方面领先于竞争者的优势。与其他一般企业类似，若会计师事务所实施的战略路线可以为客户企业以及审计信息使用者创造卓越价值，并且实施该战略的能力难以被其他会计师事务所超越或者被竞争者模仿的审计投入成本较高，则会计师事务所拥有竞争优势。波特的竞争优势理论认为企业通过实施差异化战略或者低成本战略能够取得竞争优势（Porter，2008）。企业的差异化战略包括会计师事务所的专业化战略，会计师事务所通过积累优质资源，学习专业知识，探索创造价值的经验方法，从而提供高于客户预期值的审计产品（胡南薇，陈汉文和曹强，2009）。企业的低成本战略包括会计师事务所的规模化战略，会计师事务所通过扩大规模，找到高效率的服务方式，从而降低单位成本（方红星和陈娇娇，2016）。与低成本战略相比，专业化战略往往能够为会计师事务所创造更高的价值：一方面，会计师事务所专业化战略需要更多的投入，因此审计师有动机提高定价水平，以弥补提供专业化审计服务所需的人力资本成本以及高昂的国际化管理成本；另一方面，会计师事务所的专业化战略能够创造优质的产品或服务，从而带来价值收益，因此客户企业愿意为优质的产品或服务支付更高的溢价。

会计师事务所的竞争优势源自专业能力和优势资源，两方面要素相互关联：资源为会计师事务所提供了潜在的能力，当智力资本与专业知识等优质资源被充分吸收并被高效运用时，就形成了专业能力，而能力是获得持续竞争优势的前提要素。国际层面来分析，各个国家的企业在获取独特的优势资源时，要素禀赋起到了关键作用。相对于境外企业，本土企业更容易利用本土优质资源，故境内企业有可能偏好于国际化这种相似的战略来获得境外优势资源。

现有文献认为会计师事务所的优质资源是其竞争优势的基础（曾亚敏和张俊生，2010；王咏梅和邓舒文，2012），这种资源理论言之有理，但存在一定的局限性：首先，资源学说本质上是一种基于经济学的均衡理论，从会计师事务所内部出发的存量静态分析观点，然而资源具有路径依赖的特征，需要动态分析会计师事务所优质资源的产生和转换过程，会计师事务所的资源存量影响着当下的战略选择与未来资源积累的方向，如何通过能力充分发挥资源的杠杆效应有待深入研究；其次，已有研究忽视了在不同的竞争环境、审计市场以及国家制度背景下，会计师事务所如何通过国际优质资源提高审计师专业能力。本书基于不同的审计市场环境，分析中国境内会计师事务所获取国际资源，转换为国际专业能力，从而提高审计质量，加强国际竞争力的路径机理，以期丰富现有企业国际化竞争优势的相关理论研究。

基于低价竞争的探讨，低价竞争反映为审计师或者客户由于市场地位差异或审计市场竞争程度不同所形成的议价能力。当客户占据主导地位，即审计市场竞争较为严重时，审计师为留有该客户会主动降低审计收费；

而当审计师占据主导地位，即审计市场竞争程度较低时，能够向审计客户提出更高的审计收费（DeAngelo，1981）。由于低价竞争对于审计独立性存在严重不利影响，损害了审计质量，因而探寻是否存在低价竞争，对于监管部门如何加强审计监督，进而提高审计质量具有重要意义（Doogar，Sivadasan and Solomon，2015）。当审计客户在审计合同中占据主导地位，即审计市场竞争程度较高时，审计师有动机进行低价揽客，降低审计收费以招揽审计客户，由此会引发审计投入下降，损害了审计质量（Huang，Raghunandan and Huang，et al.，2015）。而当审计师在审计合同中占据主导地位，即审计市场竞争程度较低时，尤其对于具有行业专长的审计师而言，在审计市场中占有较高的市场份额，具有较强的议价能力，因而会向被审计客户要求更高的审计收费。

3.3.2 规模经济与知识管理理论

规模经济理论（规模报酬递增理论）认为企业生产效率随着企业生产规模的扩大而提高。在上文企业国际化与竞争优势理论部分的分析中有一个隐含假设即规模收益不变，而实际上企业和会计师事务所都具有规模越大，则边际收益越大、单位成本越低的规模经济效应。但是随着企业国际化面临的环境越来越复杂，公司组织的边界变得越来越模糊，竞争越来越激烈，产品生命周期越来越短，大多数国际化的企业正迈入信息爆炸时代（杨忠和张骁，2009）。为了应对挑战，国际化的公司需要充分利用已有知识，同时通过向标杆企业学习，获取最新的专业知识。面对瞬息万变的市场，知识是国际化企业提升能力的重要源泉（王益民和方宏，2018）。企业在实施国际化战略目标时需要面对国际融合与本土差异化的双重压力，因此为了创新并将新产品推向国际市场，企业在国际化进程中有动机利用知识管理系统将世界各国的知识整合到一起。

基于规模效应的探讨，企业生产效率随着企业生产规模的扩大而提高，具备区域市场地位领先者的客户群将为会计师事务所带来经济学上的规模经济效应（Pearson and Trompeter，1994），从而降低会计师事务所的边际成本（吴溪和张俊生，2012）。中国境内会计师事务所在国际化的过程中，积累发达国家的审计技术、方法，学习事务所内部管理经验，扩大国际审计市场份额，提高审计效率，从而可能促使边际成本下降，审计收费下降。

3.3.3 外部性与溢出效应理论

外部性是指生产或消费对其他团体强征了不可补偿的成本或给予了无须补偿的收益。基于外部性理论分析，冯等（Fung，Raman and Zhu，2017）研究发现 PCAOB 对美国上市公司的审计师进行监管不仅能保护美国上市公司的投资者，而且对于美国境外的投资者保护以及审计质量提升具有积极的外部性。类似地，美国食品药物监管局（FDA）对跨国公司的监管也具有积极的外部性，有利于境外投资者（McLain，2014）。同样关注外部性的文献，什罗夫等（Shroff，Verdi and Yost，2017）研究发现公司同行业竞争对手的信息具有外部性。中国境内会计师事务所在 PCAOB 注册则需接受 PCAOB 的检查（Aobdia，2018），包括会计师事务所合伙人能力、注册会计师专业水平，会计师事务所内部的薪酬激励政策，各分所、分支机构之间的交流以及员工培训程度，各项目组的人员配备以及执业培训等（Acito，Hogan and Mergenthaler，2018），在监管压力的作用下，中国境内会计师事务所有动机提升整体的审计质量控制标准，以规避事后潜在惩戒成本。尽管 PCAOB 监管的初衷是提高美国公众公司的审计质量，然而在外部性的作用下，在 PCAOB 注册的中国境内会计师事务所也会提高境内上市公司的审计质量。

艾罗（Arrow，1962）提出知识溢出是指不同行为主体间因交流互动而发生知识、技术转移形成知识的溢出效应。基于溢出效应理论分析，生产技术可以为同类企业相互借鉴，通过企业之间的交流沟通和相互影响，可以实现有效的知识溢出。中国境内会计师事务所国际化存在两个层级的知识溢出：第一层级是中国境内会计师事务所在国际化的进程中，通过与 PCAOB 等监管层互动、与美国本土会计师事务所交流合作，使得美国先进的审计方法、技术等知识转移，溢出至中国境内会计师事务所，有助于审计质量的提升；第二层级是事务所内部的知识溢出效应，公司内部知识溢出理论认为公司内部不同区位的企业之间存在知识流动，新技术使交流成本的降低可以导致距离影响的弱化，使总公司下属各企业能更好地依市场关联而布局，内部资本市场资源合理配置（黄俊和陈信元，2011）。同样，国际化的中国境内会计师事务所内部也存在知识流动，随着审计业务项目组人员的流动（Downey and Bedard，2018），先进的审计方法、技术等知识从国际业务项目组溢出至境内审计业务项目组，有助于提高中国境内业务的审计质量。

第 4 章
会计师事务所国际化对审计定价的影响

    随着全球经济形态从工业经济主导转为知识经济主导，审计等知识资本密集型中介服务行业快速发展，成为世界经济发展的主要驱动力量。中国境内会计师事务所作为提供专业审计服务的知识资本密集型企业，其发展方向与进程关系到中国经济能否持续高质量的健康发展。为了实现注册会计师行业的高质量发展，提高中国境内会计师事务所在国际审计市场中核心竞争优势，国际化成为中国境内会计师事务所的发展战略目标之一。注册会计师作为重要的资本市场信息中介，其审计决策行为关系到市场资源配置效率的高低（张立民，邢春玉和李琰，2017），而在注册会计师的决策行为中的审计定价决策是理论界与实务界共同关注的重要议题。审计定价是审计师与客户之间议价的综合结果，体现为审计过程中各供给需求要素之间的均衡（Hay，Knechel and Wong，2006），是影响审计独立性与审计质量的重要因素（DeAngelo，1981；Huang，Raghunandan and Huang，et al.，2015），因而成为监管部门加强审计独立性监督（Doogar，Sivadasan and Solomon，2015），以及投资者评价信息质量（Hribar，Kravet and Wilson，2014）的重要参考依据。中国境内会计师事务所之间的低价竞争现象在很长一段时间内一直是审计市场中有待解决的问题，因此研究审计收费的影响因素中是否包含会计师事务所国际化这一审计供给因素是一个值得深入探讨的研究问题。

    在审计供给层面，审计定价的高低取决于审计师的动机和能力。具体来说，注册会计师调整审计定价决策的动机包括对审计投入以及潜在声誉成本的考虑；审计师影响审计收费的能力包括审计师自身专业能力（Bills，Jeter and Stein，2015；Cairney and Stewart，2015；吴溪和张俊生，2012）和审计独立性（Blay and Geiger，2013；Fatemi，2012）。而会计师事务所国际化是体现审计师国际化专业能力，提升核心竞争力的重要发展战略。那么，中国境内会计师事务所国际化如何影响审计师的定价决策行为？能否提升审计独立性以及专业能力，进而缓解中国审计市场的低价竞争问题？尚需进行深入分析。

近年来财政部等相关政策制定部门针对审计定价问题出台了一系列的相关政策法规①，并且中国注册会计师协会约谈了多家事务所以期规范审计定价行为。在此背景下，本章分析会计师事务所国际化对审计定价决策的影响机理。一方面，可以通过分析会计师事务所国际化对审计收费的影响是由审计供给因素主导还是审计需求因素主导，有助于说明会计师事务所国际化所导致审计收费的变化是否会影响审计质量，进而对资源配置效率产生影响；另一方面，能够为我国监管部门如何基于国际环境加强审计监管提供一定的理论借鉴。

另外，近些年我国财政部等监管部门大力推动事务所合并，旨在提高审计市场集中度，加强事务所的话语权与独立性，提升审计质量。随着一系列政策的发布②、注册会计师行业的发展以及监管部门对审计定价监督的加强，面对开放的国际环境，审计供给方因素在审计定价决策中的地位是否有所上升，是否占有主导地位值得探究。本书通过探讨会计师事务所国际化与审计定价之间的关系，也在一定程度上有助于说明事务所合并的相关政策能否发挥相应作用。

本章基于中国境内会计师事务所在 PCAOB 注册这一视角，深入考察会计

---

① 为规范审计定价，2010 年，国家发展改革委、财政部发布《会计师事务所服务收费管理办法》，其中第四条规定会计师事务所服务收费实行政府指导价和市场调节价；2011 年，财政部发布《关于进一步落实〈会计师事务所服务收费管理办法〉的通知》，以期遏制低价竞争，保障审计质量；2012 年，中国注册会计师协会发布《关于坚决打击和治理注册会计师行业不正当低价竞争行为的通知》；2015 年，国家发展改革委宣布放开包括审计收费在内的 24 项商品和服务价格。

② 推动我国事务所做大做强，提高审计市场集中度，完善审计市场结构是 21 世纪以来监管方、审计供给方以及相关投资者的共同目标，财政部、国务院办公厅等相关政策制定者先后发布了《会计师事务所扩大规模若干问题的指导意见》《中国注册会计师协会关于推动会计师事务所做大做强的意见》《关于加快发展我国注册会计师行业的若干意见》《会计师事务所分所管理办法》《会计师事务所合并程序指引》等一系列文件。

师事务所国际化对境内业务审计定价的影响，研究发现：中国境内会计师事务所在 PCAOB 注册之后，境内业务审计收费显著提高，进一步结合审计师动机的分析显示，在声誉较高的大型事务所样本中，国际化促使审计师提高收费的效应更加明显，并且会计师事务所国际化促使审计投入增加，说明审计师提高审计定价动机是出于对声誉成本、学习成本等因素的考虑。此外结合审计师能力的分析发现会计师事务所国际化促使审计师专业能力的提升，一定程度上表明中国境内会计师事务所在 PCAOB 注册之后提高审计收费反映为国际化能力的提升。稳健性检验部分，本章还排除了客户规模、产权差异、境外投资者持股、低价竞争、审计收费黏性等因素的潜在干扰。最后，通过倾向得分匹配等检验结果说明即使考虑国际化事务所与非国际化事务所之间可能存在的系统性差异问题，研究发现仍然成立。

本章在如下方面做出了一定的补充贡献：

首先，本章基于中国境内会计师事务所自愿在 PCAOB 注册这一独特的背景，揭示了会计师事务所国际化影响审计师定价决策行为的新渠道。已有研究大多关注于 PCAOB 的强制检查对审计师行为的影响（DeFond，2010；Gunny and Zhang，2013；Lamoreaux，2016；DeFond and Lennox，2017；Fung，Raman and Zhu，2017；Krishnan，Krishnan and Song，2017），但以上研究无法区分监管效应和声誉效应的作用，而中国的独特之处在于其不允许 PCAOB 检查，能够将声誉成本从监管成本中剥离开来。研究发现即使在没有接受 PCAOB 检查的情况下，在 PCAOB 注册的事务所出于声誉成本的考虑也有动机提高审计收费；同时事务所通过在 PCAOB 的自愿性注册行为，主动学习国际执业标准，提供国际化的审计服务，从而有能力提高审计定价。研究发现丰富了事务所国际化的研究视角，为声誉效应在其中发挥作用的机理途径提供了新的经验证据。

其次，已有关于审计供给的研究主要聚焦于审计师行业专业能力（Bills，Jeter and Stein，2015；Carson，2009；Goodwin and Wu，2014；Reichelt and Wang，2010；陈丽红和张龙平，2010；陈小林、王玉涛和陈运森，2013；陈胜蓝和马慧，2015；彭雯、张立民和钟凯，2017），本书研究的会计师事务所国际化是审计师国际化专业能力的体现，扩展了审计师能力的研究范畴。本书通过结合会计师事务所国际化专业能力的分析，发现审计师出于对潜在声誉成本、学习成本等因素的考虑提高境内业务审计收费，丰富了审计供给的理论研究框架。

最后，为动态发展的中国审计市场结构提供经验证据。本书研究发现中国境内会计师事务所国际化促使境内业务审计定价提升，说明中国审计市场中审计供给方享有一定的话语权，审计师国际化专业能力的提升有助于会计师事务所树立国际品牌形象，提高审计供给方的议价能力。这在一定程度上表明随着注册会计师行业高质量发展等一系列政策的实施，中国审计市场结构在不断完善（刘行健和王开田，2014；张立民，彭雯和钟凯，2018a），早期低价竞争的局面得到缓解，从而有助于发挥审计的社会价值。

4.1 理论分析与研究假说

审计作为资本市场重要的信息中介，其提供的审计信息对于维护资本市场稳定发展，提升资源配置效率发挥着重要作用（Chen，Chen and Lobo，et al.，2011）。由于审计定价是影响审计质量的重要因素（DeAngelo，1981；Blay and Geiger，2013；Markelevich and Rosner，2013；Huang，Raghunandan and Huang，et al.，2015），因而成为投资者评价信息质量（Hribar，Kravet and Wilson，2014）和监管部门加强审计监督（Doogar，Sivadasan and Solomon，2015b）的重要参考依据。审计定价是审计师与客户之间议价的综合结果（张睿，田高良和齐保垒等，2018），体现为审计过程中供给要素（来自审计师的力量）与需求要素（来自客户的力量）之间的均衡（Bandyopadhyay and Kao，2004；Hay，Knechel and Wong，2006）。其中审计供给要素主要来自审计师动机，而审计需求要素则主要来自客户动机（DeFond and Zhang，2014）。审计师动机体现为审计师出于对其声誉风险（Weber，Willenborg and Zhang，2008）、诉讼风险（Bedard and Johnstone，2004；Bell，Doogar and Solomon，2008；Kim，Li and Li，2015；宋衍蘅，2011；张天舒和黄俊，2013）等因素的考虑而调整审计定价决策的动机；客户动机体现为客户出于对代理成本（Jensen and Meckling，1976；Cahan，Emanuel and Sun，2009）、审计费用支出成本等因素的考虑而要求调整审计定价的动机。

基于审计供给视角的文献，审计定价反映为审计师为保障财务报告可靠性所付出的相应投入与努力，以及审计师针对审计风险而要求的风险补偿。具体而言，审计投入主要包括参与审计项目成员的数量，函证、盘点等审计工作消耗的工时，内部流程测试的保障程度，以及与审计委员会、管理层之间的审计询问（Ball, Jayaraman and Shivakumar, 2012），审计定价的过程中需涵盖审计师参与审计过程中所付出的相应成本（李莎，林东杰和王彦超，2019）。另外，基于"深口袋"理论，审计师还需承担相应的审计风险，对于客户财务报告可靠性承担一定保险责任，一旦客户财务报告出现重大错报，审计师面临着较高的诉讼与赔偿成本，以及声誉损失（彭雯，张立民和钟凯，2019），因而审计师会依据客户的审计风险水平，要求相应的风险补偿，以应对未来可能发生的诉讼与赔偿成本（Bedard, Jean and Johnstone, 2004；Kim, Li and Li, 2015；宋衍蘅，2011；张天舒和黄俊，2013）。为验证审计定价主要反映为审计成本因素，而非审计寻租，杜嘉等（Doogar, Sivadasan and Solomon, 2015）利用审计师变更这一背景，结合审计收费的持续性特征，分析发现异常审计收费主要体现为审计成本而非审计寻租，为审计定价主要反映为审计成本要素提供了直接证据支持。赫里巴尔等（Hribar, Kravet and Wilson, 2014）则基于会计信息质量的视角，对此提供了间接证据，发现异常审计收费与会计信息质量显著正相关，能够对未来欺诈、重述以及监管处罚等行为进行有效预期；贝等（Bae, Choi and Rho, 2016）利用单位审计工时价格分析发现，具有行业专长审计师的审计定价更高，但是单位审计价格较低，原因在于行业专长审计师进行了更多的审计投入，间接证明审计定价主要由审计成本因素所主导。

基于审计需求视角的文献，审计定价反映为客户对于高质量审计服务的需求程度。审计需求也是影响审计定价的重要因素，当审计需求较高时，客户有提高审计定价以寻求高质量审计服务的动机（DeFond and Zhang, 2014）。在所有权与控制权分离的现代企业治理环境下，企业管理层有动机通过高质量审计向股东传递积极信号，以降低代理成本，因而管理层愿意为高质量审计服务支付较高的审计收费。对于国有企业而言，由于具有天然的融资优势以及政府的隐形担保，对高质量审计的需求程度较低（Wang, Wong and Xia, 2008）；而对于融资需求较强，存在基金持股，成长机会较高的客户，对高质量审计的需求程度较高（DeFond and Zhang，2014）；在经济增长时期，公司业绩较优（靳庆鲁，李荣林和万华林，2008），投资者对会计信息质量的关注程度较高，审计需求程度较高，因此对审计收费所引发的企业经营成本敏感性较低，愿意支付较高的审计收费。

基于审计供给视角的分析，审计师在进行定价决策时会考虑审计成本，审计成本主要包括投入成本与风险成本。对于国际化的会计师事务所而言，其定价决策中考虑的审计成本涵盖了前期国际化建设的投入成本与未来潜在的风险成本：首先，考虑前期投入成本，会计师事务所在国际化进程中前期需要投入人力物力等优势资源构建国际业务团队，审计师国际化专业能力的形成需要学习国际标准体系等专业知识，积累国际业务审计经验，这些都属于会计师事务所国际化建设的投入成本，一旦审计师国际化专业能力形成，为了补偿前期投入成本，会计师事务所可能会调高审计收费；其次，考虑潜在风险成本，包含潜在声誉成本和潜在诉讼成本，由于国际化的会计师事务所声誉较高（Chang，Cheng and Reichelt，2010），同时受到境内、境外利益相关者的关注，若发生审计失败则在国际市场与国内市场都会遭受巨大损失，潜在的声誉成本和诉讼成本较高（Bronson，Ghosh and Hogan，2017），因此为了减小声誉受损以及被起诉的风险，审计师会增加审计投入，并且可能收取风险溢价（Choi，Choi and Kim，2017；张立民，彭雯和钟凯，2018a），因此国际化的事务所有动机提高审计定价。

基于审计师-客户契约关系的分析，审计定价是审计师与客户之间博弈的均衡点（Hay，Knechel and Wong，2006），能力较高的审计师在审计合同中占据主导地位，具有较强的议价能力，并且国际化的会计师事务所承担着学习国际专业标准体系的启动成本，因而会向被审计客户要求更高的审计收费（Cahan，Jeter and Naiker，2011；Numan and Willenkens，2012）。朱等（Chu，Simunic and Ye，et al，2018）研究发现审计师的相对竞争优势越大，审计收费越高。中国境内会计师事务所在PCAOB注册具有国际品牌效应，使得审计师在与境内客户定价博弈过程中的话语权上升，审计供给方的议价能力提高，客户也愿意为专业能力较高的审计师支付较高的溢价，促使审计定价的提高（Carson，2009）。

基于以上分析，提出如下假设：

H4 – 1a：中国境内会计师事务所国际化促使境内业务审计收费的提高。

然而从另一角度分析，会计师事务所是一类有着经验丰富，知识资本占优等特征的人合组织。会计师事务所国际化使得注册会计师获得丰富的经验知识，提升审计师能力，从而提高在境内区域审计市场中的地位，以及境内审计市场的占有率（Aobdia and Shroff，2017）。基于规模经济理论（规模报酬递增理论），企业生产效率随着企业生产规模的扩大而提高，具备区域市场地位领先者的客户群将为会计师事务所带来经济学上的规模经济效应（Pearson and Trompeter，1994），从而降低会计师事务所的边际成本（吴溪和张俊生，2012）。中国境内会计师事务所在国际化的过程中，积累发达国家的审计技术、方法，学习事务所内部管理经验，扩大国际审计市场份额，提高审计效率，从而降低审计成本，因此审计收费下降。另外，基于低价竞争渠道的分析，由于中国境内会计师事务所在国际审计市场中的竞争力较弱，审计师可能有低价揽客的动机，因此可能减少审计投入，损害审计质量，从而降低审计收费。

此外，在审计定价决策过程中，审计师与客户之间的议价能力也是决定审计定价的重要因素，尤其在早年中国审计市场环境下，审计市场业务竞争较为激烈，客户存在较高的议价能力，因而可能会导致审计师低价揽客（Low balling），以保留审计客户（Ettredge and Greenberg，1990），而且贝克和莫尔丁（Beck and Mauldin，2014）也发现在 CFO 与审计委员会影响力较大时，能够促使审计师降低审计收费，从而表明当客户具有较高议价能力时，其能够促使审计师降低审计定价。

基于以上分析，提出如下竞争性假设：

H4 – 1b：中国境内会计师事务所国际化促使境内业务审计收费的降低。

4.2 研究设计

4.2.1 变量与模型

为了检验中国境内会计师事务所国际化对审计定价的影响，本书借鉴贝克等（Beck，Levine and Levkov，2010）设计的模型（Atanassov，2013；罗棳心，麻志明和王亚平，2018；钱爱民，朱大鹏和郁智，2018），构造模型（4-1）进行实证检验：

$$FEE_{i,t} = \alpha_0 + \alpha_1 INTAUD_{n,t} + \sum Controls_{i,t} + \mu_{i,t} \qquad (4-1)$$

解释变量 $INTAUD$ 表示中国境内会计师事务所在 PCAOB 注册前后的虚拟变量，在 PCAOB 注册的中国境内会计师事务所为处理组，未注册的事务所为控制组，处理组中事务所 n 于 t 年在 PCAOB 注册，定义 $INTAUD$ 在 t 年之后的年度为 1，其他为 0，控制组中 $INTAUD$ 取值为 0。$Controls$ 表示相关控制变量，基于西穆尼奇（Simunic，1980）提出的审计定价模型，参考已往研究（DeFond and Zhang，2014），选用客户公司规模、自由现金流量比率、上一期审计意见、是否为国际四大会计师事务所、破产风险、成长能力、应收账款比率、流动比率、资产负债率、盈利能力等作为控制变量。相关变量定义如表4-1所示。

表 4-1 变量定义

变量名称	变量说明
FEE	审计收费的自然对数
$INTAUD$	事务所国际化，中国境内会计师事务所在 PCAOB 注册前后的虚拟变量
$SPECIALF$	审计师行业专业能力，某行业中的某事务所被审计客户审计收费总额/某行业所有上市公司审计收费总额
$SPECIALR$	审计师行业专业能力，某行业中的某事务所被审计客户营业收入总额/某行业所有上市公司营业收入总额
$SPECIALA$	审计师行业专业能力，某行业中的某事务所被审计客户资产总额/某行业所有上市公司资产总额
$OPINION$	审计独立性，若为非标准审计意见则取1，否则取0
$SIZE$	客户公司规模，总资产的自然对数
CF	经营活动产生的现金流量净额/总资产
$OPINION\_L$	上一期审计意见，若为非标准审计意见则取1，否则取0
$BIG4$	若为国际四大会计师事务所则取1，否则为0

变量名称	变量说明
Z	破产风险，根据中国资本市场调整的 Z-SCORE
GROWTH	成长能力，（营业收入本年本期金额 – 营业收入上年同期金额）/（营业收入上年同期金额）
REC	应收账款比率，应收账款/总资产
LIQUID	流动比率，流动资产/流动负债
LEV	财务杠杆，资产负债率
ROE	净资产收益率
TIME	审计投入，Ln（资产负债表日至审计报告披露日之间的天数 +1）

4.2.2　数据来源

本章研究的相关财务数据来自国泰安（CSMAR）数据库。中国境内会计师事务所在 PCAOB 的注册信息为手工整理数据，原始信息来源于 PCAOB 官方网站。鉴于审计数据从 2000 年之后披露较为完备，因此研究样本为 2000 ~2018 年中国境内 A 股主板上市公司。按照如下方法对数据进行筛选处理：剔除金融行业样本；剔除数据缺失样本；剔除净资产小于 0 样本；针对连续型变量两端进行 1% 缩尾（winsorize）处理。

4.3　基本实证结果

4.3.1　描述性统计与相关分析

变量的描述性统计结果如表 4 – 2 所示。结果显示审计收费的测度变量 FEE 的均值（中位数）为 13.56（13.46），会计师事务所国际化的测度变量 INTAUD 的均值（中位数）为 0.434（0），审计师专业能力的代理变量 SPE-CIALF 的均值（中位数）为 0.066（0.045），SPECIALR 的均值（中位数）为

0.057（0.037），*SPECIALA* 的均值（中位数）为 0.058（0.040），审计独立性的代理变量 *OPINION* 的均值（中位数）为 0.020（0），控制变量 *SIZE* 的均值（中位数）为 21.950（21.780），*CF* 的均值（中位数）为 0.049（0.048）。

表4-2 描述性统计

变量	样本数	均值	标准差	P25	P50	P75
FEE	26580	13.560	0.772	13.040	13.460	13.940
INTAUD	26580	0.434	0.496	0	0	1
SPECIALF	26580	0.066	0.061	0.016	0.045	0.110
SPECIALR	26580	0.057	0.060	0.011	0.037	0.094
SPECIALA	26580	0.058	0.058	0.013	0.040	0.096
OPINION	26580	0.020	0.138	0	0	0
SIZE	26580	21.950	1.249	21.040	21.780	22.650
CF	26580	0.049	0.073	0.010	0.048	0.091
OPINION_L	26580	0.020	0.141	0	0	0
BIG4	26580	0.065	0.247	0	0	0
Z	26580	0.999	0.544	0.610	0.913	1.301
GROWTH	26580	0.220	0.420	0.014	0.141	0.312
REC	26580	0.116	0.101	0.034	0.093	0.170
LIQUID	26580	2.257	2.320	1.097	1.550	2.414
LEV	26580	0.527	0.288	0.317	0.500	0.690
ROE	26580	0.094	0.072	0.042	0.079	0.125
TIME	26580	4.461	0.317	4.357	4.489	4.691

表4-3列示了本章主要变量的 Pearson 相关系数，结果显示：*INTAUD* 与 *FEE* 显著正相关（在1%水平显著），一定程度上说明中国境内会计师事务所国际化促使审计收费的提升。变量间的 Pearson 相关系数在0.5以下，并且在回归过程中进行了方差膨胀因子（VIF）检验，VIF 值都在5以下（小于阈值），说明把这些变量引入回归模型不会产生明显的多重共线性问题。

表 4 - 3   相关系数表

变量	FEE	INTAUD	CF	BIG4	Z	GROWTH	REC	LEV	ROE
FEE	1								
INTAUD	0.142 ***	1							
CF	0.033 ***	− 0.037 ***	1						
BIG4	0.431 ***	− 0.231 ***	0.081 ***	1					
Z	− 0.046 ***	0.119 ***	0.325 ***	0.008	1				
GROWTH	0.001	− 0.022 ***	0.001	− 0.016 ***	0.052 ***	1			
REC	− 0.094 ***	0.049 ***	− 0.220 ***	− 0.085 ***	0.001	0.034 ***	1		
LEV	0.230 ***	− 0.049 ***	− 0.171 ***	0.056 ***	− 0.490 ***	0.328 ***	0.015 **	1	
ROE	0.115 ***	0.022 ***	0.309 ***	0.083 ***	0.497 ***	0.215 ***	− 0.043 ***	0.150 ***	1

注: *** 、** 和 * 分别表示 1%、5% 和 10% 的水平上显著。

4.3.2 基本回归结果

为了检验中国境内会计师事务所国际化对审计定价的影响,采用模型 (4 - 1) 的实证结果列示于表 4 - 4,结果显示 INTAUD 与 FEE 显著正相关 (至少在 1% 水平显著),表明中国境内会计师事务所在 PCAOB 注册之后提高了审计定价,即中国境内会计师事务所国际化促使境内业务审计收费的提高,假设 H1a 得到验证。说明中国境内会计师事务所在 PCAOB 注册具有国际品牌效应,使得审计师在与境内客户定价博弈过程中的话语权上升,审计供给方的议价能力提高,并且国际化会计师事务所承担着学习国际专业标准体系的启动成本,因而会提高审计定价。

表 4 - 4   事务所国际化与审计费用的实证结果

变量	FEE	FEE	FEE
INTAUD	0.208 *** (6.724)	0.205 *** (6.708)	0.092 *** (2.888)

续表

变量	FEE	FEE	FEE
SIZE	0.445 *** (27.345)	0.447 *** (29.802)	0.399 *** (27.402)
CF	0.039 (0.683)	− 0.014 (− 0.258)	0.120 *** (2.946)
OPINION_L	0.100 *** (3.637)	0.103 *** (3.885)	0.109 *** (4.508)
BIG4	0.735 *** (10.506)	0.744 *** (10.337)	0.771 *** (11.214)
Z	− 0.032 (− 1.201)	− 0.047 * (− 1.909)	− 0.105 *** (− 4.342)
GROWTH	0.022 * (1.918)	0.021 * (1.822)	0.020 * (1.797)
REC	0.521 *** (8.314)	0.380 *** (7.207)	0.234 *** (4.931)
LIQUID	− 0.010 *** (− 3.161)	− 0.010 *** (− 3.131)	− 0.012 *** (− 4.238)
LEV	− 0.265 *** (− 10.337)	− 0.257 *** (− 9.943)	− 0.202 *** (− 7.296)
ROE	0.109 (1.119)	0.174 * (1.741)	0.515 *** (7.419)
常数项	3.769 *** (10.837)	3.774 *** (11.927)	4.675 *** (15.038)
行业效应	未控制	控制	控制
年度效应	未控制	未控制	控制
观测值	26580	26580	26580
R-squared	0.650	0.657	0.684

注：*** 、** 和 * 分别表示 1% 、5% 和 10% 的水平上显著。

4.4　进一步检验

下文分别从审计师动机与能力等角度做进一步验证。此外，审计需求方面，区分客户规模大小、产权差异、是否存在境外投资者持股、是否存在审计师变更等维度，分样本考察会计师事务所在 PCAOB 注册之后对审计定价的影响是否存在差异，以期探明事务所国际化对审计收费的作用渠道是由审计需求因素主导还是审计供给因素主导。

4.4.1　审计师动机

基于审计供给视角的分析，审计师调整审计定价决策的动机主要是出于对审计成本的考虑，包括潜在的声誉成本与审计投入，下文具体分析。

4.4.1.1　声誉成本

基于声誉成本的分析，以往研究发现在投资者保护水平较高的环境下，规模较大的会计师事务所更为重视声誉受损的后果（Francis and Wang，2008），中国境内会计师事务所在 PCAOB 注册，由于美国投资者保护体系较为完善，一旦境内业务发生审计失败，根据"深口袋"理论，大型事务所的诉讼成本更大。因此在声誉机制的影响下，国际化提高审计收费的效应可能在大型事务所样本中更为显著，而对小型事务所的影响有限。为了进一步验证会计师事务所国际化在声誉机制的作用下促进审计定价的提高，本章结合事务所规模大小进行分组检验①。

表 4 - 5 列示了审计师声誉成本高低的分组检验结果，结果显示相比于审计师较低声誉样本组（low），在高声誉样本组（high）中 *INTAUD* 与 *FEE* 的

---

① 事务所规模大小的划分，借鉴已有研究（吴溪和张浚生，2012；宋衍蘅和肖星，2012），根据 2015 ~ 2020 年中国注册会计师协会发布的年度会计师事务所综合评价信息，定义其中排名前四大的中国境内会计师事务所为大规模事务所（big audit firm），否则为小规模事务所（small audit firm）。

正相关关系较为显著（至少在1%水平显著），F检验表明二者存在显著差异，说明国际化提高审计定价的效应在大型事务所样本中更为显著，进一步验证了事务所国际化在声誉机制的作用下促进审计定价的提高。

表4-5　　审计师声誉成本高低分组：事务所国际化与审计收费的实证结果

变量	high	low	high	low
	FEE	FEE	FEE	FEE
INTAUD	0.245 *** (13.831)	0.026 (0.414)	0.070 *** (4.262)	-0.068 (-1.398)
SIZE	0.398 *** (52.401)	0.546 *** (14.465)	0.379 *** (40.093)	0.500 *** (11.890)
CF	0.174 ** (4.372)	0.098 (0.988)	0.141 ** (3.802)	0.233 *** (3.063)
OPINION_L	0.187 ** (3.585)	0.061 * (1.747)	0.157 * (2.775)	0.073 ** (2.248)
Z	-0.042 (-0.779)	-0.059 * (-1.937)	-0.093 (-1.965)	-0.126 *** (-5.288)
GROWTH	0.024 (0.885)	0.019 (1.529)	0.007 (0.277)	0.021 * (1.929)
REC	0.465 ** (4.670)	0.588 *** (6.395)	0.200 ** (4.865)	0.334 *** (3.628)
LIQUID	-0.018 ** (-3.706)	-0.007 ** (-2.580)	-0.014 * (-2.963)	-0.012 *** (-4.612)
LEV	-0.224 *** (-11.454)	-0.411 *** (-6.759)	-0.146 *** (-16.273)	-0.364 *** (-5.432)
ROE	0.122 (1.012)	0.382 ** (2.316)	0.436 *** (11.578)	0.744 *** (5.797)
常数项	4.786 *** (31.757)	1.696 ** (2.194)	5.212 *** (19.903)	2.579 *** (2.968)

续表

变量	high	low	high	low
	FEE	*FEE*	*FEE*	*FEE*
行业效应	未控制	未控制	控制	控制
年度效应	未控制	未控制	控制	控制
观测值	9956	16624	9956	16624
R-squared	0.575	0.627	0.613	0.655

注：*** 、** 和 * 分别表示 1% 、5% 和 10% 的水平上显著。

4.4.1.2 审计投入

审计师提高审计定价的动机除了包括对声誉成本的考虑，还有对审计投入的补偿，本章结合审计投入进行深入分析。借鉴张天舒和黄俊（2013）的研究，本章利用资产负债表日与审计报告披露日之间的时间长短衡量审计投入，时间越长表明审计投入越多①，审计投入 *TIME* 的计算方法为 Ln（资产负债表日至审计报告披露日之间的天数 +1），解释变量 *INTAUD* 与上文定义相同，具体检验模型如下：

$$TIME_{i,t} = \alpha_0 + \alpha_1 INTAUD_{n,t} + \sum Controls_{i,t} + \mu_{i,t} \qquad (4-2)$$

表 4 - 6 列示了中国境内会计师事务所国际化与审计投入的实证检验结果，结果显示 *INTAUD* 与 *TIME* 显著正相关（至少在 10% 水平显著），表明中国境内会计师事务所在 PCAOB 注册促使境内业务审计投入的增加，进一步说明在成本渠道的作用下中国境内会计师事务所国际化促使审计定价的提高。

---

① 关于审计投入的测度变量，审计工时能够较为直接地衡量审计投入（Bae、Choi and Rho，2016；Gong、Li、Lin and Wu，2016），然而由于审计工时数据并未公开披露，因此本章选用资产负债表日与审计报告披露日之间的时间间隔作为审计投入的替代变量。

表4-6 事务所国际化与审计投入的实证结果

变量	TIME	TIME	TIME
INTAUD	0.070 *** (6.247)	0.070 *** (6.258)	0.015 * (1.740)
SIZE	0.016 *** (3.363)	0.019 *** (3.711)	0.009 ** (2.151)
CF	-0.233 *** (-6.657)	-0.241 *** (-6.863)	-0.156 *** (-4.719)
FEE	0.071 *** (8.044)	0.067 *** (7.435)	0.034 *** (5.454)
OPINION_L	0.037 ** (1.981)	0.039 ** (2.078)	0.080 *** (5.551)
BIG4	-0.055 *** (-3.189)	-0.050 *** (-2.848)	-0.015 (-1.416)
Z	0.035 *** (4.352)	0.034 *** (4.143)	0.001 (0.174)
GROWTH	-0.034 *** (-5.118)	-0.034 *** (-5.144)	-0.031 *** (-4.710)
REC	0.182 *** (6.620)	0.162 *** (5.413)	0.175 *** (6.055)
LIQUID	0.004 *** (2.684)	0.005 *** (2.915)	0.002 * (1.917)
LEV	-0.002 (-0.148)	-0.001 (-0.098)	-0.005 (-0.314)
ROE	-0.665 *** (-11.091)	-0.656 *** (-10.672)	-0.500 *** (-8.499)
常数项	3.141 *** (25.265)	3.180 *** (25.250)	3.581 *** (32.715)
行业效应	未控制	控制	控制

变量	*TIME*	*TIME*	*TIME*
年度效应	未控制	未控制	控制
观测值	26580	26580	26580
R-squared	0. 085	0. 088	0. 143

注：***、** 和 * 分别表示 1%、5% 和 10% 的水平上显著。

4.4.2 审计师能力

上述研究发现中国境内会计师事务所国际化致使审计师有动机调整审计定价决策，而除此之外，审计定价还取决于审计师能力。事务所在国际化进程中，学习国际职业标准体系、经验与方法，逐步显现国际品牌效应，国际声誉吸引行业内越来越多的客户企业，从而提高审计师行业专业能力。审计师行业专业能力（*SPECIALF*，*SPECIALR*，*SPECIALA*）的计算方法借鉴赖歇尔特和王（Reichelt and Wang，2010）、夏立军（2004）以及陈丽红和张龙平（2010）的方法，利用事务所占某一行业的市场份额来定义审计师是否具有行业专业能力。首先，分别计算出每一行业的总体市场份额，包括行业营业收入总规模、行业资产总规模、行业审计收费总规模；其次，计算每一事务所在该行业被审计客户营业收入总规模、被审计客户资产总规模、审计收费总规模占行业营业收入总规模、资产总规模、审计收费总规模的比重。具体检验模型如下：

$$SPECIALF_{i,t}(SPECIALR_{i,t}, SPECIALA_{i,t}) = \alpha_0 + \alpha_1 INTAUD_{n,t}$$
$$+ \sum Controls_{i,t} + \mu_{i,t}$$

$$(4-3)$$

检验结果列示于表 4-7，结果显示 *INTAUD* 与 *SPECIALF*（*SPECIALR*，*SPECIALA*）显著正相关（至少在 1% 水平显著），表明中国境内会计师事务所在 PCAOB 注册使得审计师提升了行业专业能力，进一步验证了中国境内会计师事务所国际化提升境内业务审计收费的机理途径。

表 4 – 7　　　　　　　事务所国际化与审计师专业能力的实证结果

变量	SPECIALF	SPECIALF	SPECIALR	SPECIALR	SPECIALA	SPECIALA
INTAUD	0.066 *** (5.587)	0.073 *** (5.905)	0.050 *** (5.612)	0.058 *** (6.525)	0.053 *** (5.263)	0.060 *** (6.363)
SIZE	− 0.008 *** (− 3.475)	− 0.006 *** (− 3.633)	− 0.001 (− 0.013)	0.002 (0.993)	0.001 (0.626)	0.002 (1.610)
CF	0.010 (0.888)	0.005 (1.214)	0.015 (1.242)	0.016 ** (2.273)	0.014 (1.233)	0.011 * (1.768)
OPINION_L	0.005 (1.526)	0.001 (0.258)	0.005 ** (2.109)	0.002 (0.846)	0.005 ** (2.321)	0.002 (1.022)
BIG4	0.053 *** (3.725)	0.049 *** (3.697)	0.065 *** (6.295)	0.062 *** (6.824)	0.062 *** (6.139)	0.060 *** (6.790)
Z	0.004 (1.611)	0.009 *** (3.273)	− 0.002 (− 1.002)	0.004 (1.419)	− 0.002 (− 1.214)	0.004 * (1.702)
GROWTH	0.001 (0.260)	0.001 (0.113)	− 0.001 (− 1.248)	− 0.001 (− 0.726)	− 0.001 (− 0.646)	− 0.001 (− 0.066)
REC	− 0.014 *** (− 3.097)	0.008 (1.548)	− 0.016 (− 1.567)	0.017 *** (3.225)	− 0.022 *** (− 2.677)	0.009 ** (2.149)
LIQUID	− 0.001 (− 1.098)	− 0.001 (− 0.477)	− 0.001 (− 1.004)	0.001 (1.443)	− 0.001 (− 1.230)	0.001 (1.447)
LEV	0.006 * (1.665)	0.004 (1.438)	0.005 (0.796)	0.001 (0.345)	0.004 (0.694)	0.002 (0.541)
ROE	− 0.013 (− 1.174)	− 0.039 *** (− 3.673)	0.022 * (1.817)	− 0.010 (− 0.887)	0.008 (0.647)	− 0.022 * (− 1.934)
常数项	− 0.046 (− 1.024)	− 0.080 *** (− 3.050)	− 0.093 * (− 1.745)	− 0.143 *** (− 3.933)	− 0.089 * (− 1.965)	− 0.123 *** (− 3.738)
行业效应	未控制	控制	未控制	控制	未控制	控制
年度效应	未控制	控制	未控制	控制	未控制	控制
观测值	26580	26580	26580	26580	26580	26580

注：***、** 和 * 分别表示1%、5%和10%的水平上显著。

4.4.3 审计需求

审计收费是审计需求与审计供给方之间动态博弈的结果，而前文研究发现审计供给是会计师事务所国际化影响审计定价的机理渠道，但是尚未深入考虑审计需求渠道的作用，下文分别结合客户规模、产权差异、境外投资者持股等审计需求因素加以探讨。

4.4.3.1 客户规模

由于规模越大的客户对审计的需求程度越高，而当审计需求程度较高时，客户企业有提高审计费用以寻求高质量审计服务的动机（DeFond and Zhang，2014）。本部分结合客户规模进行分组检验，客户规模的测度选取客户企业总资产的自然对数（*SIZE*）作为衡量指标，定义高于年度行业中位数为客户规模较大样本组（big），其他为小客户样本组（small）。表 4-8 列示了客户规模大小分组的回归结果，结果显示在大客户样本与小客户样本中 *INTAUD* 与 *FEE* 都呈现显著的正相关关系（在 1% 水平显著），F 检验表明二者不存在显著差异。说明无论对于大客户还是小客户，会计师事务所国际化都会促使审计供给方提高审计定价，在一定程度上排除了客户规模这一审计需求因素的潜在干扰。

表 4-8　　　客户规模分组：事务所国际化与审计收费的实证结果

变量	big	small	big	small
	FEE	*FEE*	*FEE*	*FEE*
INTAUD	0.181 *** (5.509)	0.208 *** (6.016)	0.112 *** (3.337)	0.063 *** (3.817)
SIZE	0.524 *** (21.421)	0.395 *** (23.505)	0.490 *** (22.268)	0.287 *** (23.882)
CF	0.199 ** (2.575)	-0.139 ** (-2.057)	0.104 (1.506)	0.020 (0.365)

变量	big	small	big	small
	FEE	FEE	FEE	FEE
OPINION_L	0.063 (1.036)	0.120 *** (3.083)	0.075 (1.398)	0.110 *** (2.827)
BIG4	0.714 *** (10.352)	0.496 *** (4.750)	0.745 *** (10.483)	0.507 *** (5.449)
Z	0.028 (1.032)	−0.022 (−0.707)	−0.024 (−0.808)	−0.089 *** (−3.956)
GROWTH	0.043 ** (2.567)	0.001 (0.064)	0.038 ** (2.144)	0.003 (0.378)
REC	0.751 *** (7.631)	0.318 *** (6.178)	0.370 *** (4.796)	0.098 ** (2.241)
LIQUID	−0.024 *** (−4.547)	−0.009 *** (−3.390)	−0.023 *** (−4.188)	−0.013 *** (−5.449)
LEV	−0.282 *** (−9.603)	−0.153 *** (−6.089)	−0.221 *** (−7.382)	−0.071 *** (−2.787)
ROE	−0.294 ** (−2.288)	0.225 * (1.735)	0.087 (0.821)	0.515 *** (5.311)
常数项	1.935 *** (3.509)	4.834 *** (13.983)	2.785 *** (5.746)	6.838 *** (27.625)
行业效应	未控制	未控制	控制	控制
年度效应	未控制	未控制	控制	控制
观测值	13352	13228	13352	13228
R-squared	0.634	0.397	0.661	0.500

注：***、**和*分别表示1%、5%和10%的水平上显著。

4.4.3.2 股权集中度

股权集中度是影响公司治理水平的重要因素（Guedhami and Pittman，

2006；Gul，Kim and Qiu，2010），也是影响债务融资成本的重要原因（Lin，Ma and Malatesta，et al.，2011）。对于我国资本市场而言，大股东控制行为严重，其对控制权的重视程度远高于会计信息质量（韩洪灵和陈汉文，2008；俞红海，徐龙炳和陈百助，2010；贺炎林，张瀛文和莫建明，2014）。因此，在股权集中度较高的上市公司中，对高质量审计需求的程度相对较低，而在股权集中度较低的上市公司中，则对高质量审计需求的程度较高。如若是由于审计需求较高所致，则在股权集中度较低样本中，社会责任与债务融资成本之间的负向关系更强。对此本章在高审计师行业专业能力样本中，进一步利用前十大股东持股比例（Herfindahl 指数），按年度行业区分股权集中度高低分样本加以分析，表 4 - 9 列示了股权集中度分组的回归结果。结果显示，在高股权集中度样本与低股权集中度样本中 *INTAUD* 与 *FEE* 都呈现显著的正相关关系（在 1% 水平显著），F 检验表明二者不存在显著差异。说明无论对于高股权集中度还是低股权集中度客户，会计师事务所国际化都会促使审计供给方提高审计定价，在一定程度上排除了审计需求因素的潜在干扰。

表 4 - 9　　　　股权集中度分组：事务所国际化与审计收费的实证结果

变量	高股权集中度	低股权集中度	高股权集中度	低股权集中度
	FEE	*FEE*	*FEE*	*FEE*
INTAUD	0. 218 *** (14. 386)	0. 191 *** (13. 215)	0. 085 *** (5. 177)	0. 095 *** (6. 111)
SIZE	0. 458 *** (39. 604)	0. 427 *** (48. 305)	0. 416 *** (35. 464)	0. 374 *** (37. 414)
CF	0. 170 * (1. 807)	- 0. 133 * (- 1. 717)	0. 222 *** (2. 645)	- 0. 026 (- 0. 362)
OPINION_L	0. 075 * (1. 947)	0. 118 *** (2. 796)	0. 111 *** (2. 969)	0. 091 ** (2. 533)
BIG4	0. 778 *** (14. 430)	0. 598 *** (10. 628)	0. 791 *** (15. 050)	0. 644 *** (10. 837)
Z	0. 048 * (1. 775)	- 0. 113 *** (- 4. 604)	- 0. 068 ** (- 2. 490)	- 0. 151 *** (- 6. 482)

续表

变量	高股权集中度	低股权集中度	高股权集中度	低股权集中度
	FEE	*FEE*	*FEE*	*FEE*
GROWTH	0.009 (0.830)	0.025 ** (2.095)	0.016 (1.519)	0.014 (1.240)
REC	0.664 *** (7.857)	0.404 *** (5.106)	0.343 *** (4.289)	0.136 * (1.664)
LIQUID	−0.010 *** (−2.989)	−0.012 *** (−3.099)	−0.010 *** (−3.462)	−0.016 *** (−4.359)
LEV	−0.136 *** (−3.773)	−0.412 *** (−10.753)	−0.132 *** (−3.923)	−0.289 *** (−7.640)
ROE	−0.400 *** (−2.599)	0.600 *** (4.920)	0.192 (1.291)	0.841 *** (7.441)
常数项	3.349 *** (13.668)	4.296 *** (23.067)	4.263 *** (17.380)	5.277 *** (25.525)
行业效应	控制	控制	控制	控制
年度效应	控制	控制	控制	控制
观测值	14283	12297	14283	12297
R-squared	0.684	0.591	0.714	0.637

注：***、** 和 * 分别表示1%、5% 和 10% 的水平上显著。

4.4.3.3 产权差异

对于国有企业而言，由于具有天然的融资优势以及政府的隐形担保，对高质量审计的需求程度较低（Wang, Wong and Xia, 2008；王成方和刘慧龙，2014）。基于此，我们利用产权性质差异，考查会计师事务所国际化与审计收费之间的关系是否是由于审计需求所致。表 4 - 10 列示了相应的分组检验结果，结果显示，无论国有企业样本（*state* =1）还是非国有企业样本（*state* = 0），*INTAUD* 与 *FEE* 都呈现显著的正相关关系（至少在 5% 水平显著），F 检验表明二者不存在显著差异。说明无论对于国有企业还是非国有企业，会计师事务所国际化都会促使审计供给方提高审计定价，在一定程度上排除了审计需求因素可能产生的潜在干扰。

表 4 – 10　　　　产权差异分组：事务所国际化与审计收费的实证结果

变量	state = 0	state = 1	state = 0	state = 1
	FEE	FEE	FEE	FEE
INTAUD	0. 160 *** (5. 138)	0. 216 *** (5. 815)	0. 080 *** (2. 697)	0. 108 ** (2. 534)
SIZE	0. 412 *** (33. 148)	0. 445 *** (29. 336)	0. 359 *** (31. 630)	0. 411 *** (27. 045)
CF	0. 134 (1. 642)	0. 003 (0. 035)	0. 187 *** (2. 654)	0. 002 (0. 020)
OPINION_L	0. 162 *** (3. 861)	0. 065 (1. 080)	0. 153 *** (3. 882)	0. 048 (0. 926)
BIG4	0. 653 *** (10. 324)	0. 676 *** (8. 608)	0. 701 *** (10. 048)	0. 696 *** (8. 738)
Z	− 0. 054 ** (− 1. 975)	− 0. 110 *** (− 3. 634)	− 0. 111 *** (− 4. 514)	− 0. 143 *** (− 4. 637)
GROWTH	0. 039 *** (2. 626)	0. 005 (0. 298)	0. 018 (1. 380)	0. 021 (1. 427)
REC	0. 346 *** (5. 545)	0. 399 *** (5. 506)	0. 112 ** (2. 031)	0. 148 * (1. 849)
LIQUID	− 0. 011 *** (− 2. 990)	− 0. 018 *** (− 4. 650)	− 0. 011 *** (− 3. 205)	− 0. 017 *** (− 4. 547)
LEV	− 0. 230 *** (− 5. 394)	− 0. 389 *** (− 7. 948)	− 0. 147 *** (− 3. 434)	− 0. 326 *** (− 6. 713)
ROE	0. 224 * (1. 801)	0. 422 *** (3. 132)	0. 607 *** (6. 204)	0. 679 *** (5. 618)
常数项	4. 533 *** (17. 990)	3. 812 *** (11. 477)	5. 467 *** (23. 005)	4. 600 *** (15. 051)

变量	state = 0	state = 1	state = 0	state = 1
	FEE	FEE	FEE	FEE
行业效应	未控制	未控制	控制	控制
年度效应	未控制	未控制	控制	控制
观测值	10701	8130	10701	8130
R-squared	0.580	0.649	0.622	0.681

注：***、**和*分别表示1%、5%和10%的水平上显著。

4.4.3.4 境外投资者持股

当存在境外投资者持股时，客户企业对高质量审计的需求程度较高（Gul，Kim and Qiu，2010；张宗益和宋增基，2010；张立民，彭雯和钟凯，2018a），本章为了排除境外投资者持股这一审计需求因素可能的影响，分组检验境外投资者持股与未持股样本中事务所国际化对审计定价影响程度的差异。若企业有合格境外投资者持股则定义 Qfii 为1，否则为0。分组检验结果列示于表4-11，结果显示在 Qfii 为0和 Qfii 为1的样本中 INTAUD 与 FEE 显著正相关，F检验表明二者不存在显著差异，说明会计师事务所国际化对审计定价的影响并不是由境外投资者持股这一审计需求因素主导。

表4-11　　　境外投资者持股分组：事务所国际化与审计收费的实证结果

变量	Qfii = 0	Qfii = 1	Qfii = 0	Qfii = 1
	FEE	FEE	FEE	FEE
INTAUD	0.208*** (6.740)	0.212*** (5.130)	0.087*** (2.750)	0.140*** (3.097)
SIZE	0.441*** (28.113)	0.475*** (20.143)	0.392*** (27.867)	0.434*** (22.413)
CF	0.022 (0.353)	0.266 (1.625)	0.118*** (2.816)	0.049 (0.373)

续表

变量	$Qfii = 0$	$Qfii = 1$	$Qfii = 0$	$Qfii = 1$
	FEE	FEE	FEE	FEE
OPINION_L	0.098 *** (3.544)	0.113 (0.753)	0.105 *** (4.511)	0.163 (1.307)
BIG4	0.734 *** (10.040)	0.720 *** (9.872)	0.772 *** (10.551)	0.735 *** (10.133)
Z	−0.028 (−0.945)	−0.066 (−1.543)	−0.107 *** (−4.006)	−0.099 ** (−2.282)
GROWTH	0.022 * (1.970)	0.011 (0.298)	0.020 * (1.936)	0.004 (0.117)
REC	0.526 *** (8.482)	0.452 *** (2.630)	0.243 *** (5.106)	0.115 (0.752)
LIQUID	−0.010 *** (−3.074)	−0.009 * (−1.764)	−0.012 *** (−3.869)	−0.013 *** (−2.889)
LEV	−0.257 *** (−9.030)	−0.325 *** (−4.562)	−0.191 *** (−6.657)	−0.278 *** (−3.824)
ROE	0.138 (1.309)	−0.086 (−0.333)	0.559 *** (7.659)	0.172 (0.617)
常数项	3.833 *** (11.499)	3.156 *** (5.726)	4.798 *** (15.894)	4.290 *** (9.202)
行业效应	未控制	未控制	控制	控制
年度效应	未控制	未控制	控制	控制
观测值	24054	2526	24054	2526
R-squared	0.634	0.703	0.672	0.731

注：***、** 和 * 分别表示 1%、5% 和 10% 的水平上显著。

4.4.3.5 低价竞争

此外，审计收费虽是审计质量的重要体现，可是，一方面高额的审计收费可能会降低审计师独立性，另一方面审计师也有动机通过降低审计收费而进行揽客，从而损害审计质量。上文研究发现会计师事务所国际化有助于审计师独立性与审计质量的提升，本部分进一步检验在中国制度环境下，审计市场中是否存在低价竞争。为考虑审计师低价竞争的影响，我们利用审计师变更加以探讨，以说明前文发现的会计师事务所国际化与审计定价之间的关系并未受审计师低价竞争的影响。当发生审计师变更时，很可能是由于新任审计师为获取客户资源而进行低价竞争，降低审计收费（Huang, Raghunandan and Huang, et al., 2015），对此，我们区分审计师变更与未变更组加以比较。若发生审计师变更的样本则定义 change 为 1，否则为 0，表 4 - 12 列示了相应的检验结果。结果显示：无论审计师是否变更，*INTAUD* 与 *FEE* 显著正相关，F 检验表明两组之间不存在显著差异，说明会计师事务所国际化与审计定价之间的关系不是由于低价竞争渠道发挥作用。

表 4 - 12　　　　低价竞争：事务所国际化与审计收费的实证结果

变量	change = 1	change = 0	change = 1	change = 0
	FEE	*FEE*	*FEE*	*FEE*
INTAUD	0. 114 *** (4. 142)	0. 207 *** (6. 512)	0. 112 *** (3. 337)	0. 063 * (1. 817)
SIZE	0. 436 *** (32. 382)	0. 453 *** (28. 475)	0. 490 *** (22. 268)	0. 287 *** (23. 882)
CF	− 0. 033 (− 0. 285)	− 0. 008 (− 0. 126)	0. 104 (1. 506)	0. 020 (0. 365)
OPINION_L	0. 108 ** (2. 304)	0. 100 *** (3. 561)	0. 075 (1. 398)	0. 110 *** (2. 827)
BIG4	0. 563 *** (4. 790)	0. 768 *** (11. 710)	0. 745 *** (10. 483)	0. 507 *** (5. 449)
Z	− 0. 171 *** (− 8. 036)	− 0. 039 (− 1. 515)	− 0. 024 (− 0. 808)	− 0. 089 *** (− 3. 956)
GROWTH	0. 049 ** (2. 342)	0. 016 (1. 396)	0. 038 ** (2. 144)	0. 003 (0. 378)

续表

变量	change = 1	change = 0	change = 1	change = 0
	FEE	*FEE*	*FEE*	*FEE*
REC	0. 363 *** (4. 661)	0. 409 *** (7. 096)	0. 370 *** (4. 796)	0. 098 ** (2. 241)
LIQUID	− 0. 006 * (− 1. 845)	− 0. 010 *** (− 2. 834)	− 0. 023 *** (− 4. 188)	− 0. 013 *** (− 5. 449)
LEV	− 0. 340 *** (− 7. 776)	− 0. 253 *** (− 8. 884)	− 0. 221 *** (− 7. 382)	− 0. 071 *** (− 2. 787)
ROE	0. 750 *** (6. 074)	0. 057 (0. 502)	0. 087 (0. 821)	0. 515 *** (5. 311)
常数项	4. 090 *** (14. 543)	3. 670 *** (10. 918)	2. 785 *** (5. 746)	6. 838 *** (27. 625)
行业效应	未控制	未控制	控制	控制
年度效应	未控制	未控制	控制	控制
观测值	4490	18597	13352	13228
R-squared	0. 582	0. 674	0. 661	0. 500

注: *** 、 ** 和 * 分别表示1% 、5% 和10% 的水平上显著。

4.5　稳健性检验

4.5.1　审计收费黏性

以往研究发现审计收费存在易涨难跌的黏性特征（王立彦，谌嘉席和伍利娜，2014），为了检验审计收费与会计师事务所国际化的正相关关系是否由于审计收费黏性所导致，本部分将模型（4 - 1）因变量替换为审计收费变动（*DEL_FEE*），即当期审计收费与前期审计收费之差，以增强前文研究的稳健性，实证检验结果如表 4 - 13 所示。结果显示会计师事务所国际化（*IN-*

TAUD）与审计收费变动（*DEL_FEE*）显著正相关（1%水平显著），一定程度上降低审计收费黏性因素的潜在干扰。基本上说明国际化的会计师事务所提高审计收费不是由于审计收费黏性渠道发挥作用。

表 4 – 13　　　　　　　　审计收费黏性的实证结果

变量	*DEL_FEE*	*DEL_FEE*	*DEL_FEE*
INTAUD	0. 022 *** (5. 519)	0. 020 *** (4. 741)	0. 020 *** (4. 537)
SIZE		− 0. 001 (− 0. 595)	− 0. 000 (− 0. 171)
CF		− 0. 043 * (− 1. 671)	− 0. 064 ** (− 2. 451)
OPINION_L		− 0. 020 (− 1. 515)	− 0. 020 (− 1. 506)
BIG4		0. 005 (0. 533)	0. 006 (0. 602)
Z		0. 075 *** (7. 770)	0. 072 *** (7. 319)
GROWTH		0. 078 *** (9. 266)	0. 077 *** (8. 886)
REC		0. 021 (1. 309)	0. 002 (0. 135)
LIQUID		0. 003 *** (3. 846)	0. 004 *** (4. 066)
LEV		0. 203 *** (12. 991)	0. 211 *** (12. 657)
ROE		− 0. 311 *** (− 5. 275)	− 0. 290 *** (− 4. 974)
常数项	0. 081 *** (22. 907)	− 0. 071 * (− 1. 761)	− 0. 072 * (− 1. 743)

续表

变量	DEL_FEE	DEL_FEE	DEL_FEE
行业效应	未控制	未控制	控制
年度效应	未控制	未控制	控制
观测值	21213	21213	21213
R-squared	0.002	0.053	0.055

注: *** 、** 和 * 分别表示 1%、5% 和 10% 的水平上显著。

4.5.2 审计定价签约时间差异

由于审计定价的确定时间是在会计师事务所承接审计业务之前，审计师与客户公司签订审计业务约定书时，双方就审计定价达成共识，审计合约中的审计费用条款即刻生效，其中包括审计费用的具体金额、客户交付时间等事项，因此审计定价签约时间与客户交付审计费用日期二者之间存在时间差。本章研究会计师事务所在 PCAOB 注册之后对审计定价的影响，为了缓解审计定价签约时间差异可能存在的潜在干扰，本部分增加会计师事务所国际化的滞后效果检验，用审计收费后一期（ FEE_F ），审计收费后二期（ FEE_F2 ）分别与事务所国际化进行回归检验，实证检验结果如表 4 - 14 所示。结果显示 $INTAUD$ 与 FEE_F（ FEE_F2 ）显著正相关（1% 水平显著），一定程度上降低了审计定价签约时间差异的潜在干扰。

表 4 - 14 事务所国际化的滞后效应检验结果

变量	FEE_F	FEE_F	FEE_F2	FEE_F2
INTAUD	0.218 *** (7.124)	0.215 *** (7.207)	0.231 *** (7.599)	0.227 *** (7.777)
SIZE	0.440 *** (25.021)	0.442 *** (27.785)	0.434 *** (22.705)	0.439 *** (25.303)
CF	-0.025 (-0.378)	-0.105 (-1.493)	-0.023 (-0.282)	-0.116 (-1.321)

续表

变量	FEE_F	FEE_F	FEE_F2	FEE_F2
OPINION_L	0.059 * (1.934)	0.064 ** (2.127)	0.031 (0.910)	0.038 (1.148)
BIG4	0.728 *** (10.968)	0.738 *** (10.853)	0.714 *** (11.043)	0.724 *** (10.874)
Z	0.005 (0.182)	−0.010 (−0.392)	0.011 (0.412)	−0.007 (−0.300)
GROWTH	0.037 *** (3.962)	0.036 *** (4.040)	0.048 *** (4.369)	0.049 *** (4.564)
REC	0.538 *** (7.118)	0.380 *** (5.984)	0.580 *** (7.020)	0.405 *** (5.833)
LIQUID	−0.006 ** (−2.043)	−0.006 * (−1.962)	−0.004 (−1.196)	−0.004 (−1.133)
LEV	−0.149 *** (−5.106)	−0.139 *** (−5.109)	−0.101 *** (−3.530)	−0.097 *** (−3.453)
ROE	0.085 (0.781)	0.157 (1.460)	0.094 (0.791)	0.177 (1.517)
常数项	3.846 *** (10.157)	3.842 *** (11.263)	3.985 *** (9.612)	3.947 *** (10.533)
行业效应	未控制	控制	未控制	控制
年度效应	未控制	控制	未控制	控制
观测值	21213	21213	17032	17032
R-squared	0.643	0.651	0.621	0.631

注: *** 、** 和 * 分别表示1%、5%和10%的水平上显著。

4.5.3 剔除国际四大会计师事务所样本

上文研究发现会计师事务所的国际化促使境内业务审计收费的提高，为了排除国际四大会计师事务所对前文实证结果可能产生的潜在干扰，本部分剔除国际四大会计师事务所样本,仅保留非国际四大样本对模型(4-1)进行回归,结果列示于表4-15。结果显示 INTAUD 与 FEE 显著正相关(至少在1%水平显著),为事务所国际化对于审计收费的提升效应提供了稳健性证据。

表 4-15 剔除国际四大会计师事务所样本:事务所国际化
与审计收费的实证结果

变量	FEE	FEE	FEE
INTAUD	0.219 *** (19.824)	0.215 *** (19.588)	0.096 *** (7.971)
SIZE	0.417 *** (57.224)	0.422 *** (58.906)	0.370 *** (45.923)
CF	-0.015 (-0.243)	-0.041 (-0.704)	0.091 (1.629)
OPINION_L	0.091 *** (2.958)	0.095 *** (3.146)	0.100 *** (3.581)
Z	-0.012 (-0.677)	-0.029 (-1.582)	-0.087 *** (-4.941)
GROWTH	0.021 ** (2.515)	0.020 ** (2.428)	0.014 * (1.780)
REC	0.441 *** (7.355)	0.332 *** (5.388)	0.170 *** (2.860)
LIQUID	-0.013 *** (-4.997)	-0.012 *** (-4.975)	-0.014 *** (-6.105)
LEV	-0.239 *** (-9.339)	-0.234 *** (-9.434)	-0.166 *** (-6.790)
ROE	0.056 (0.552)	0.122 (1.212)	0.488 *** (5.227)
常数项	4.355 *** (28.073)	4.291 *** (27.863)	5.255 *** (31.100)

续表

变量	*FEE*	*FEE*	*FEE*
行业效应	未控制	控制	控制
年度效应	未控制	未控制	控制
观测值	24844	24844	24844
R-squared	0.564	0.572	0.616

注：***、**和*分别表示1%、5%和10%的水平上显著。

4.5.4 克服内生性问题

鉴于会计师事务所是否采用国际化战略可能并非随机选择，可能会对上文研究发现的稳健性产生影响，为了检验上述结论的可靠性，本部分采用倾向得分匹配法（PSM）进行核匹配。在劳伦斯等（Lawrence，Minutti-Meza and Zhang，2011）的审计师选择模型基础上，借鉴比尔等（Bills，Cunningham and Myers，2016）的研究设计，考虑到国际化与非国际化事务所之间可能在客户经营风险、成长性、审计师特征等方面存在系统性差异，本部分选取自由现金流量比率、资产负债率、成长能力、审计意见等变量作为 PSM 匹配过程中的解释变量，被解释变量为 *INTAUD*。表 4 – 16 为 Logit 模型回归得到倾向匹配得分过程，结果显示自由现金流量比率、资产负债率、成长能力、审计意见等因素都对 *INTAUD* 具有显著解释力。

表 4 –16　　　　　　　　　Logit 模型回归得到倾向匹配得分

变量	*INTAUD*
CF	– 0.267 ** (– 2.187)
GROWTH	– 0.033 ** (– 2.867)
LIQUID	0.013 * (1.806)

续表

变量	INTAUD
LEV	0.173 ** (2.450)
Z	0.153 *** (4.472)
OPINION	− 0.049 * (− 1.399)
常数项	− 18.540 (− 0.010)
行业效应	控制
年度效应	控制
观测值	22859
Pseudo R²	0.113

注: *** 、 ** 和 * 分别表示 1% 、5% 和 10% 的水平上显著。

表 4 – 17 为匹配前后变量差异结果，相对于匹配之前，匹配之后国际化事务所样本（INTAUD = 1）与非国际化事务所样本（INTAUD = 0）的差异缩小，表明匹配效果理想，匹配之后国际化事务所与非国际化事务所样本之间非随机性抽样的内生性干扰得到缓解。

表 4 – 17 匹配前后变量差异

变量	匹配项	INTAUD = 1 （1） 均值	INTAUD = 0 （2） 均值	差异 （2） - （1）
CF	匹配前	0.046	0.051	0.004
	匹配后	0.046	0.045	− 0.001
GROWTH	匹配前	0.209	0.214	0.005
	匹配后	0.209	0.205	− 0.004

续表

变量	匹配项	$INTAUD=1$	$INTAUD=0$	差异
		（1）均值	（2）均值	（2）－（1）
LIQUID	匹配前	2.522	2.166	−0.356
	匹配后	2.522	2.386	−0.136
LEV	匹配前	0.510	0.542	0.032
	匹配后	0.510	0.512	0.002
Z	匹配前	1.073	0.981	−0.143
	匹配后	1.073	1.040	−0.028
OPINION	匹配前	0.013	0.016	−0.012
	匹配后	0.013	0.014	−0.010

匹配后样本的检验结果列示于表 4 – 18，结果显示匹配之后 INTAUD 与 FEE 显著正相关（至少在 1% 水平显著）。结果说明即使考虑国际化事务所与非国际化事务所之间可能存在的系统性差异问题，上文研究发现仍然成立，即中国境内会计师事务所国际化会促使审计收费的提升。

表 4 – 18　　　　事务所国际化与审计收费倾向得分匹配检验（PSM）结果

变量	FEE	FEE	FEE
INTAUD	0.095 *** (3.914)	0.182 *** (5.406)	0.101 *** (3.139)
SIZE		0.439 *** (29.186)	0.398 *** (26.405)
CF		0.074 (1.338)	0.124 *** (3.123)
OPINION_L		0.138 *** (4.259)	0.119 *** (3.936)
Z		0.792 *** (11.581)	0.828 *** (12.003)

续表

变量	*FEE*	*FEE*	*FEE*
GROWTH		− 0. 042 (− 1. 547)	− 0. 099 *** (− 4. 374)
REC		0. 034 *** (2. 762)	0. 023 * (1. 942)
LIQUID		0. 539 *** (8. 685)	0. 200 *** (4. 323)
LEV		− 0. 012 *** (− 3. 874)	− 0. 012 *** (− 4. 173)
ROE		− 0. 312 *** (− 9. 364)	− 0. 222 *** (− 6. 290)
常数项	13. 588 *** (134. 509)	3. 954 *** (12. 489)	4. 692 *** (14. 576)
行业效应	未控制	未控制	控制
年度效应	未控制	未控制	控制
观测值	22850	22850	22850
R-squared	0. 004	0. 659	0. 694

注: *** 、** 和 * 分别表示 1%、5% 和 10% 的水平上显著。

4.6 本章小结

本章基于中国境内会计师事务所在 PCAOB 注册这一视角,深入考察会计师事务所国际化对境内业务审计定价的影响,研究发现:会计师事务所国际化承担着学习国际专业标准体系、组建国际化团队的启动成本,为了进行成本补偿,审计师有动机提高审计定价;并且中国境内会计师事务所在 PCAOB 注册具有国际品牌效应,使得审计供给方的议价能力提高,促使审计定价的提高。进一步检验会计师事务所国际化促使审计师调整审计定价决策的动机与能力:动机方面,研究发现在声誉较高的大型事务所样本中,审计收费的提高较为显著，并且会计师事务所国际化使得审计投入增加，说明审计师提高审计定价的动机是出于对声誉成本以及学习成本等因素的考虑；能力方面，研究发现会计师事务所国际化促使审计师专业能力的提升，一定程度上表明中国境内会计师事务所国际化有助于审计供给方话语权的提升，因而有能力提高审计定价。此外，排除了客户规模、产权差异、境外投资者持股、低价竞争、审计收费黏性等因素的潜在干扰。稳健性检验部分通过倾向得分匹配等检验结果说明即使考虑国际化事务所与非国际化事务所之间可能存在的系统性差异问题，研究发现仍然成立，即中国境内会计师事务所国际化促使境内业务审计定价提升。

本章研究为动态发展的中国审计市场结构提供经验证据。中国境内会计师事务所国际化促使境内业务审计定价提升，说明中国审计市场中审计供给方享有一定的话语权，审计师国际化专业能力的提升有助于会计师事务所树立国际品牌形象，提高审计供给方的议价能力，在一定程度上表明会计师事务所国际化能够遏制审计市场中的恶性低价竞争。

第 5 章

会计师事务所国际化对审计质量的影响

在上一章研究会计师事务所国际化对审计定价决策影响机理的基础上，本章进一步探究其如何影响审计质量。审计质量的影响因素是资本市场审计治理研究的重要议题，会计师事务所提供的审计服务可视为一项产品，其质量高低取决于审计师与客户双方的动机和动力，即审计供给与审计需求的共同作用结果。已有研究对于审计需求的关注较高，而对审计供给的探究还不够深入（Defond and Zhang，2014）。在审计供给层面，会计师事务所国际化属于审计供给方的一个重要特征，审计供给方提供高质量审计产品的动机主要来自声誉机制、监管机制和诉讼机制，审计供给方的能力主要指审计师的专业胜任能力，包括审计师行业专业能力等。部分研究从审计供需双方的动机和能力探讨 PCAOB 检查对审计质量的影响（Lamoreaux，2016；Aobdia and Shroff，2017；Krishnan，Krishnan and Song，2017；Fung，Raman and Zhu，2017），然而这些关于会计师事务所接受 PCAOB 检查的研究无法区分监管机制和声誉机制的作用，即无法解释审计师是迫于 PCAOB 检查的监管压力，还是出于维护良好声誉的动机而提供高质量的审计服务。与此不同的是，由于涉及国家经济安全等问题，中国禁止 PCAOB 对中国会计师事务所实施定期检查，因此 PCAOB 强制检查的监管机制对中国境内会计师事务所不适用，在中国独特的制度环境下能够将审计师的声誉机制从 PCAOB 的监管机制中剥离出来，排除 PCAOB 强制检查的监管效应，揭示会计师事务所国际化影响审计质量的新途径。

同时，在中国经济由高速增长阶段转向高质量发展阶段的背景下，本章通过分析中国境内会计师事务所在 PCAOB 注册能否提升境内业务审计质量，以期阐明中国境内会计师事务所国际化所具有的经济后果，亦为中国注册会计师行业的国际化发展提供一定经验借鉴。本章研究发现：中国境内会计师事务所在 PCAOB 注册之后，境内业务审计质量显著提高。进一步分析显示，在高风险客户样本、大型事务所样本中，国际化对审计质量的提高作用更加明显，一定程度上表明会计师事务所国际化促使审计师提高审计质量的动机是在声誉机制下，事务所为了发送国际化这一积极信号，出于对潜在风险、国际声誉成本的考虑，因而有动机提高审计质量。此外能力方面结合客户境外业务收入、事务所注册会计师人数、注册会计师学历素质的实证检验结果表明事务所国际化促使审计师国际专业能力的提升；事务所在 PCAOB 注册之后会吸收更多高学历的注册会计师，提高审计师的素质能力。最后本章还排除了境外投资者持股、发行 H 股或者 B 股等因素的潜在干扰。

本章在如下方面做出了一定的补充贡献：

首先，研究发现事务所国际化有助于提升境内业务审计质量，丰富了审计供给的理论研究框架。已有关于审计供给的研究主要聚焦于审计师行业专业能力（Bills, Jeter and Stein, 2015；Carson, 2009；Goodwin and Wu, 2014；Reichelt and Wang, 2010；陈胜蓝和马慧, 2015；陈小林，王玉涛和陈运森, 2013；彭雯，张立民和钟凯, 2017；宋子龙和余玉苗, 2018；吴溪和张俊生, 2012），本章则基于事务所国际化的视角，阐明国际化也是审计师的一项重要能力，对于提升审计质量具有积极作用，拓展了审计供给的研究范畴，为审计质量的影响因素提供了一定的补充贡献。

其次，以往研究关于企业国际化经济后果成本与收益的权衡尚存在争论，而会计师事务所是企业组织的一种形式，本章从事务所层面解释企业国际化的经济后果，研究发现会计师事务所国际化具有积极效应，有利于审计质量的提高，拓展了企业国际化的研究范畴。中国境内会计师事务所在国际化的进程中，通过在 PCAOB 注册，学习美国注册会计师行业的国际标准体系，提高审计师专业技能，有助于中国审计质量的提升。研究发现是对银行等中介机构国际化经济后果相关研究的有益补充（Jeon, Olivero and Wu, 2013），对其他信息中介机构国际化的路径选择具有理论借鉴意义。

最后，已有研究大多从监管角度分析 PCAOB 检查对审计质量的影响

（Aobdia，2019；Defond，2010；Defond and Lennox，2017；Fung，Raman and Zhu，2017；Gunny and Zhang，2013；Krishnan，Krishnan and Song，2017；Lamoreaux，2016）。而中国不接受 PCAOB 检查，在这样独特的制度背景下，本章基于声誉理论和学习效应理论，揭示了事务所在 PCAOB 注册这一国际化战略影响审计质量的新途径，研究发现中国境内会计师事务所在 PCAOB 注册能够向市场传递积极信号，即事务所有能力与国际市场对接，学习和掌握国际先进的审计经验与技术，能够提供高质量审计服务，为 PCAOB 监管如何影响审计质量提出了新的作用路径。

5.1 理论分析与研究假说

审计质量是不可或缺的审计标准，是各国学术研究以及实务界关注的重点问题。审计师提供高质量审计产品的动机主要出于对声誉成本、诉讼风险以及监管要求的考虑。

关注声誉成本的文献发现，会计师事务所一旦发生审计失败，其声誉损失难以估量，安然公司的审计失败不仅导致安达信在美国市场客户数量急剧下降，而且这一效应还扩散至其他国家（Nelson，Price and Rountree，2008）。在诉讼风险较低的国家，声誉受损同样会给会计师事务所带来严重后果，韦伯等（Weber，Willenborg and Zhang，2008）研究发现毕马威会计师事务所在德国的审计失败事件使其客户股价下跌，因此客户要求更换事务所；同样在低诉讼风险的国家日本，普华永道审计失败事件导致其客户数量锐减（Skinner and Srinivasan，2012）；而在诉讼风险较低的中国，王兵、尤广辉和宋戈（2013）研究发现会计师事务所合并有助于提高审计师声誉，从而导致投资者对此表现为积极的市场反应，这些研究把声誉成本与诉讼风险这两种审计师提高审计质量的动机剥离开来。迪安杰洛（DeAngelo，1981）认为大规模事务所的声誉成本是审计师提高独立性的重要影响渠道之一，规模越大的事务所累计准租金越多（刘峰、谢斌和黄宇明，2009），若其未对客户财务报告中的重大错报发表适当的审计意见，则审计师声誉受损的成本更大，因此其审计质量更高。

　　如何降低审计过程中存在的潜在诉讼风险也是审计师提高审计质量的重要动机之一。布雷和盖格（Blay and Geiger，2013）通过针对审计师的调研，发现潜在诉讼风险会导致审计师在审计过程中更加谨慎，更加注重审计质量；并且，卡普兰和威廉姆斯（Kaplan and Williams，2013）也提供了直接证据，发现较高的事前潜在诉讼风险会导致审计师提高审计质量，增加出具持续经营审计意见的概率，降低审计师事后被诉讼的可能性，从而支持了审计师提高审计质量是基于诉讼风险的考虑。

　　审计师出于监管要求的考虑也会对审计质量产生影响，部分文献基于PCAOB 检查研究监管机制在 PCAOB 影响各国审计质量过程中的作用渠道。拉莫雷奥（Lamoreaux，2016）研究发现 PCAOB 检查不仅促使了美国审计师提高美国客户的审计质量，并且在监管效应的影响下，还提高了在美国上市的非美国客户的审计质量。从溢出效应的角度，奥伯迪亚（Aobdia，2018）解释了 PCAOB 的检查压力在美国事务所中各审计师合伙人、各审计业务之间的传递现象，无论是否出现审计失败，PCAOB 检查均有助于提升审计质量，为 PCAOB 检查的有效性提供了经验证据。关注于 PCAOB 检查如何影响非美国事务所的非美国客户的文献，克里希南等（Krishnan，Krishnan and Song，2017）研究发现在允许 PCAOB 检查的国家，相比于接受检查之前，检查之后在美国上市的非美国客户的审计质量有所提高。在此基础上冯等（Fung，Raman and Zhu，2017）进一步从外部性的角度揭示了在允许 PCAOB 检查的国家，PCAOB 检查对于未在美国上市的非美国客户的审计质量发挥积极作用的机理。

　　以上文献研究 PCAOB 检查的经济后果，在审计研究框架中处于非常重要的位置，具有一定的理论与实践意义。PCAOB 检查是影响审计师动机的因素，而审计师的动机、能力以及资本市场完善的市场机制是会计师事务所提供高质量审计产品的重要保障，审计师的动机主要包括声誉机制、监管机制和诉讼机制三方面因素。已有文章大多关注允许 PCAOB 检查的国家，但无法区分声誉动机与监管动机，在允许 PCAOB 检查的国家，事务所既可能出于对建立国际品牌声誉的考虑而主动提供高质量的审计产品，也可能迫于 PCAOB 强制检查的压力而被动提高审计质量。而中国不允许 PCAOB 检查，因此研究中国境内会计师事务所在 PCAOB 的自愿性注册行为，能够将审计师的国际声誉机制从监管机制中剥离出来，揭示会计师事务所国际化影响审计质量的新渠道。

在国际化的进程中，中国境内会计师事务所为了满足 PCAOB 注册的要求，需要提高自身专业能力，学习国际上先进的技术，组建国际化团队，提高会计师事务所的整体质量控制标准，从而提升审计质量（Bills, Cunningham and Myers, 2016）。通过与美国本土会计师事务所交流合作，使得美国的技术知识转移至中国境内会计师事务所（Aobdia, 2015）。新技术带来交流成本的降低可以导致距离影响的弱化（Chen, Young and Zhuang, 2013），使总公司下属各企业能更好地依市场关联而布局，内部资本市场资源合理配置（黄俊和陈信元，2011）。同样，会计师事务所内部存在知识流动，随着审计业务项目组人员的流动，先进的技术方法等知识从国际业务项目组扩散至境内审计业务项目组（Beck, Francis and Gunn, 2018；Downey and Bedard, 2018），有助于提高中国境内业务的审计质量。尽管 PCAOB 监管的初衷是提高美国公众公司的审计质量，然而在学习效应的作用下，在 PCAOB 注册的中国境内会计师事务所也会从供给方提升审计师国际化专业能力，使审计师能够获取更多更深入的行业信息与资源，进而提高审计师行业专业能力，从而有助于提升境内上市公司的审计质量。

基于声誉理论的分析，一方面，会计师事务所发送国际化这一信号，能提升品牌形象，吸引客户公司，扩大市场份额，进入国际市场。对于国际化的中国境内会计师事务所而言，国际审计市场竞争更为激烈，为了提高审计质量，合伙人施加给审计师的压力增大，通过加强事务所内部治理（Wu, Wang and Li, 2019；王春飞，吴溪和曾铁兵，2016），从而提升整体审计质量（杨世信，刘运国和蔡祥，2018）。另一方面，信号的发送存在成本，中国境内会计师事务所在 PCAOB 注册需与其标准体系接轨（Aobdia, 2018），包括会计师事务所合伙人能力、注册会计师专业水平，会计师事务所内部的薪酬激励政策，各分所、分支机构之间的交流以及员工培训程度，各项目组的人员配备以及执业培训等（Acito, Hogan and Mergenthaler, 2018）。在信号成本的作用下，中国境内会计师事务所有动机提升整体的审计质量控制标准，以规避事后潜在声誉成本（李晓慧，曹强和孙龙渊，2016）。国际化的会计师事务所声誉成本较高，由于美国的投资者保护水平位居世界前列，而会计师事务所作为重要的资本市场信息中介，其提供的审计信息为投资者等利益相关者所关注，中国境内事务所在 PCAOB 注册之后为美国市场中的国际投资者所关注，从而面临较高的诉讼风险（Bronson，Ghosh and Hogan，2017）。冯等（Fung，Raman and Zhu，2017）研究发现 PCAOB 对美国上市公司的审计师进行监管不仅能保护美国上市公司的投资者，而且对于美国境外的投资者保护以及审计质量提升具有积极的作用。因此在 PCAOB 注册的事后潜在诉讼成本较高，若美国投资者起诉，中国境内事务所也受影响；若事务所质量控制体系不完善，中国境内事务所发生审计失败，则在国际审计市场也会遭受重大损失，因此国际化的中国境内会计师事务所为了避免声誉受损的高昂成本，有动机提高审计独立性，从而提升审计质量。

基于以上分析，提出如下假设：

H5 - 1：中国境内会计师事务所国际化促使境内业务审计质量的提升。

5.2 研究设计

5.2.1 变量与模型

为了检验中国境内会计师事务所国际化对审计质量的影响，本章根据德丰和张（DeFond and Zhang，2014）的研究，选取信息质量（DA）作为审计质量的测度变量。本章借鉴贝克等（Beck，Levine and Levkov，2010）设计的模型（Atanassov，2013；罗枝心，麻志明和王亚平，2018；钱爱民，朱大鹏和郁智，2018），构造模型（5 - 1）进行实证检验：

$$DA_{i,t} = \alpha_0 + \alpha_1 INTAUD_{n,t} + \sum Controls_{i,t} + \mu_{i,t} \qquad (5-1)$$

解释变量 $INTAUD$ 表示中国境内会计师事务所在 PCAOB 注册前后的虚拟变量，在 PCAOB 注册的中国境内会计师事务所为处理组，未注册的事务所为控制组，处理组中事务所 n 于 t 年在 PCAOB 注册，定义 $INTAUD$ 在 t 年之后的年度为 1，其他为 0，控制组中 $INTAUD$ 取值为 0。模型（5 - 1）中的被解释变量 DA 为利用修正 Jones 模型，通过模型（5 - 2）计算得出的操纵性应计项，作为审计质量的替代变量。模型（5 - 2）中，Accrual 为应计项，TA 为总资产，Sales 为营业收入，Rec 为应收账款，PPE 为固定资产。利用模型（5 - 2）分年度分行业进行回归，计算获取其残差的绝对值作为信息质量的代理变量（DA）。如若残差绝对值越小，则表明信息质量越高。

$$\frac{Accrual_{i,t}}{TA_{i,t-1}} = \beta_1 \times \frac{1}{TA_{i,t-1}} + \beta_2 \times \frac{\Delta Sales_{i,t} - \Delta Rec_{i,t}}{TA_{i,t-1}} + \beta_3 \times \frac{PPE_{i,t}}{TA_{i,t-1}} + \varepsilon_{i,t}$$

$$(5 - 2)$$

模型（5 - 1）中 Controls 表示相关控制变量，参考已往研究（DeFond and Zhang，2014），选用客户公司规模、自由现金流量比率、审计收费、上一期审计意见、是否为国际四大会计师事务所、破产风险、成长能力、应收账款比率、流动比率、资产负债率、盈利能力等作为控制变量。相关变量定义如表 5 - 1 所示。

表 5 - 1   变量定义

变量名称	变量说明
DA	操纵性应计利润
INTAUD	事务所国际化，中国境内会计师事务所在 PCAOB 注册前后的虚拟变量
SPECIALF	审计师行业专业能力，某行业中的某事务所被审计客户审计收费总额/某行业所有上市公司审计收费总额
SPECIALR	审计师行业专业能力，某行业中的某事务所被审计客户营业收入总额/某行业所有上市公司营业收入总额
SPECIALA	审计师行业专业能力，某行业中的某事务所被审计客户资产总额/某行业所有上市公司资产总额
OPINION	审计独立性，若为非标准审计意见则取 1，否则取 0
SIZE	公司规模，总资产的自然对数
CF	经营活动产生的现金流量净额/总资产
FEE	审计收费的自然对数
OPINION_L	上一期审计意见，若为非标准审计意见则取 1，否则为 0
BIG4	若为国际四大会计师事务所则取 1，否则为 0

续表

变量名称	变量说明
Z	破产风险，根据中国资本市场调整的 Z-SCORE
GROWTH	成长能力，（营业收入本年本期金额 – 营业收入上年同期金额）/（营业收入上年同期金额）
REC	应收账款比率，应收账款/总资产
LIQUID	流动比率，流动资产/流动负债
LEV	财务杠杆，资产负债率
ROE	净资产收益率
TIME	审计投入，Ln（资产负债表日至审计报告披露日之间的天数 +1）

5.2.2 数据来源

本章研究的相关财务数据来自国泰安（CSMAR）数据库。中国境内会计师事务所在 PCAOB 的注册信息为手工整理数据，原始信息来源于 PCAOB 官方网站。事务所的注册会计师人数、注册会计师学历数据来源于中国注册会计师协会网站中的历届会计师事务所综合评价信息，以及中国注册会计师行业管理系统，通过手工提取整理得到。鉴于审计数据从 2000 年之后披露较为完备，因此研究样本为 2000 ~ 2018 年中国境内 A 股主板上市公司。按照如下方法对数据进行筛选处理：剔除金融行业样本；剔除数据缺失样本；剔除净资产小于 0 样本；针对连续型变量两端进行 1% 缩尾（winsorize）处理。

5.3 基本实证结果

5.3.1 描述性统计与相关分析

变量的描述性统计结果如表 5 – 2 所示。结果显示审计质量的测度变量 *DA* 的均值（中位数）为 0.044（0.032），会计师事务所国际化的测度变量

$INTAUD$ 的均值（中位数）为 0.434（0），审计师专业能力的代理变量 $SPE\text{-}CIALF$ 的均值（中位数）为 0.066（0.045），$SPECIALR$ 的均值（中位数）为 0.057（0.037），$SPECIALA$ 的均值（中位数）为 0.058（0.040），审计独立性的代理变量 $OPINION$ 的均值（中位数）为 0.020（0），控制变量 $SIZE$ 的均值（中位数）为 21.950（21.780），CF 的均值（中位数）为 0.049（0.048）。

表 5 - 2　　　　　　　　　　描述性统计

变量	样本数	平均值	标准差	P25	P50	P75
DA	26580	0.044	0.040	0.015	0.032	0.060
$INTAUD$	26580	0.434	0.496	0	0	1
$SPECIALF$	26580	0.066	0.061	0.016	0.045	0.110
$SPECIALR$	26580	0.057	0.060	0.011	0.037	0.094
$SPECIALA$	26580	0.058	0.058	0.013	0.040	0.096
$OPINION$	26580	0.020	0.138	0	0	0
$SIZE$	26580	21.950	1.249	21.040	21.780	22.650
CF	26580	0.049	0.073	0.010	0.048	0.091
FEE	26580	13.560	0.772	13.040	13.460	13.940
$OPINION\_L$	26580	0.020	0.141	0	0	0
$BIG4$	26580	0.065	0.247	0	0	0
Z	26580	0.999	0.544	0.610	0.913	1.301
$GROWTH$	26580	0.220	0.420	0.014	0.141	0.312
REC	26580	0.116	0.101	0.034	0.093	0.170
$LIQUID$	26580	2.257	2.320	1.097	1.550	2.414
LEV	26580	0.527	0.288	0.317	0.500	0.690
ROE	26580	0.094	0.072	0.042	0.079	0.125
$TIME$	26580	4.461	0.317	4.357	4.489	4.691

表 5 - 3 列示了本章主要变量的 Pearson 相关系数，结果显示：$INTAUD$ 与 DA 显著负相关（在 1% 水平显著），一定程度上说明中国境内会计师事务

所国际化有助于境内业务审计质量的提升。变量间的 Pearson 相关系数在 0.5 以下，并且在回归过程中进行了方差膨胀因子（VIF）检验，VIF 值都在 5 以下（小于阈值），说明把这些变量引入回归模型不会产生明显的多重共线性问题。

表 5 - 3 相关系数表

变量	DA	INTAUD	CF	BIG4	GROWTH	REC	LEV	ROE
DA	1							
INTAUD	-0.034***	1						
CF	-0.092***	-0.037***	1					
BIG4	-0.043***	-0.231***	0.081***	1				
GROWTH	0.069***	-0.022***	0.001	-0.016***	1			
REC	-0.002	0.049***	-0.220***	-0.085***	0.034***	1		
LEV	0.107***	-0.049***	-0.171***	0.056***	0.328***	0.015**	1	
ROE	0.103***	0.022***	0.309***	0.083***	0.215***	-0.043***	0.150***	1

注：***、** 和 * 分别表示 1%、5% 和 10% 的水平上显著。

5.3.2 基本回归结果

为了检验中国境内会计师事务所国际化对审计质量的影响，本章根据德丰和张（DeFond and Zhang，2014）的研究，选取信息质量（DA）作为审计质量的测度变量。采用模型（5-1）的实证结果列示于表 5-4，结果显示 INTAUD 与 DA 显著负相关（至少在 5% 水平显著），表明中国境内会计师事务所在 PCAOB 注册促使客户信息质量提升，即会计师事务所国际化有助于境内业务审计质量的提高，假设得到验证。说明中国境内会计师事务所为了满足 PCAOB 注册的要求，学习国际上先进的技术，组建国际化团队，提高自身专业能力与独立性，从而提升了审计质量。在一定程度上说明中国境内会计师事务所"走出去"能够发挥积极作用。

表 5 – 4 事务所国际化与审计质量的实证结果

变量	DA	DA	DA
INTAUD	− 0.003 ** (− 2.585)	− 0.002 ** (− 2.113)	− 0.002 ** (− 2.065)
SIZE		− 0.004 *** (− 7.980)	− 0.004 *** (− 8.428)
CF		− 0.070 *** (− 8.450)	− 0.052 *** (− 6.045)
FEE		− 0.001 (− 1.399)	− 0.001 (− 0.248)
OPINION_L		0.007 *** (3.723)	0.008 *** (3.852)
BIG4		− 0.002 (− 1.153)	− 0.003 (− 1.525)
Z		0.002 ** (2.446)	0.002 ** (2.492)
GROWTH		0.001 (0.108)	0.001 (0.737)
REC		− 0.021 *** (− 5.571)	− 0.007 ** (− 2.020)
LIQUID		− 0.001 (− 1.272)	− 0.001 *** (− 3.264)
LEV		0.018 *** (11.094)	0.012 *** (7.068)
ROE		0.069 *** (10.839)	0.062 *** (10.066)
常数项	0.045 *** (63.028)	0.133 *** (16.434)	0.125 *** (13.522)
行业效应	未控制	未控制	控制

续表

变量	*DA*	*DA*	*DA*
年度效应	未控制	未控制	控制
观测值	26580	26580	26580
R-squared	0.001	0.051	0.074

注： ***、**和*分别表示1%、5%和10%的水平上显著。

5.4 进一步检验

下文分别从审计师动机和能力两方面做进一步验证：审计师动机方面结合审计风险、审计师声誉角度分析；审计师能力方面结合客户境外业务收入、注册会计师人数、注册会计师学历素质角度分析。

5.4.1 审计风险

上文研究发现中国境内会计师事务所在PCAOB注册促使境内业务审计质量的提升。由于美国的投资者保护水平位居世界前列，而会计师事务所作为重要的资本市场信息中介，其提供的审计信息为投资者等利益相关者所关注，中国境内事务所在PCAOB注册之后为美国投资者所关注，从而面临较高的潜在风险（Bronson，Ghosh and Hogan，2017）。因此在国际化的进程中，中国境内会计师事务所为了降低潜在的风险，满足PCAOB注册的要求，会学习国际上先进的技术标准，提高会计师事务所的整体风险防控水平，从而提升审计质量（Bills，Jeter and Stein，2016）。

为了进一步验证会计师事务所在PCAOB注册之后提高审计质量的动机，本部分结合审计风险进行分组检验，若会计师事务所出于对潜在风险的考虑，在国际化之后提高了风险防控水平，则在审计风险较高的客户样本中 *IN-TAUD* 与 *DA* 的相关关系应较为显著。审计风险的测度选取总资产报酬率的波动率、存货比率作为衡量指标，定义高于年度行业中位数为高审计风险样本，其他样本为低审计风险样本。表5-5列示了审计风险高低分组的回归结果，结果显示在高风险样本中 *INTAUD* 与 *DA* 显著负相关，而在低风险样本中不显著，F 检验表明二者存在显著差异。这在一定程度上说明中国境内国际化的会计师事务所有动机降低潜在风险，提高风险防控水平，进而提升审计质量。

表 5 - 5 审计风险分组的实证结果

变量	high audit risk	low audit risk	high audit risk	low audit risk
	DA	*DA*	*DA*	*DA*
INTAUD	-0.002 * (-1.835)	-0.001 (-1.154)	-0.003 ** (-2.381)	-0.001 (-0.790)
SIZE	-0.004 *** (-5.523)	-0.005 *** (-7.280)	-0.005 *** (-7.658)	-0.004 *** (-6.374)
CF	-0.091 *** (-7.860)	-0.001 (-0.059)	-0.077 *** (-6.856)	-0.010 (-0.827)
FEE	-0.001 (-0.210)	0.001 (0.054)	-0.001 (-0.260)	-0.001 (-0.262)
OPINION_L	0.015 *** (3.540)	-0.002 (-1.091)	0.005 * (1.924)	0.010 *** (3.820)
BIG4	-0.003 (-1.492)	-0.002 (-1.166)	-0.004 (-1.470)	-0.001 (-0.391)
Z	0.004 *** (3.470)	0.001 (0.698)	0.005 *** (3.315)	-0.002 * (-1.715)
GROWTH	0.001 (0.405)	0.001 (1.182)	0.002 (1.308)	-0.001 (-0.149)
REC	-0.006 (-1.380)	-0.004 (-0.701)	-0.026 *** (-5.248)	0.013 *** (2.740)
LIQUID	-0.001 *** (-4.472)	-0.001 (-0.113)	0.001 (0.386)	-0.001 *** (-2.885)
LEV	0.007 *** (3.414)	0.021 *** (7.449)	0.017 *** (6.855)	0.005 ** (2.175)

变量	high audit risk	low audit risk	high audit risk	low audit risk
	DA	*DA*	*DA*	*DA*
ROE	0.078 *** (11.786)	0.016 (1.569)	0.048 *** (5.201)	0.083 *** (9.068)
常数项	0.111 *** (10.553)	0.134 *** (11.091)	0.135 *** (9.901)	0.111 *** (11.850)
行业效应	控制	控制	控制	控制
年度效应	控制	控制	控制	控制
观测值	13352	13228	13351	13229
R-squared	0.098	0.063	0.085	0.074

注: *** 、** 和 * 分别表示1%、5%和10%的水平上显著。

5.4.2 审计师声誉

基于声誉成本的分析，以往研究发现在投资者保护水平较高的环境下，规模较大的会计师事务所更为重视声誉受损的后果，因此大型事务所的审计质量随着投资者保护程度的提高而提高，而小型事务所的审计质量没有提高（Francis and Wang，2008）。中国境内会计师事务所在 PCAOB 注册，由于美国投资者保护体系较为完善，一旦境内业务发生审计失败，根据"深口袋"理论，大型事务所的诉讼成本更大。因此在声誉机制的影响下，国际化提高审计质量的效应可能在大型事务所样本中更为显著，而对小型事务所的影响有限。为了进一步验证会计师事务所国际化在声誉动机的作用下促进审计质量的提高，本部分结合事务所规模大小进行分组检验[①]。

表 5-6 列示了事务所规模大小的分组检验结果，结果显示相比于小规模事务所（small audit firm），在大规模事务所（big audit firm）样本中 *INTAUD*

---

① 事务所规模大小的划分，借鉴已有研究（吴溪和张浚生，2012；宋衍蘅和肖星，2012），根据 2015～2020 年中国注册会计师协会发布的年度会计师事务所综合评价信息，定义其中排名前四大的中国境内会计师事务所为大规模事务所（big audit firm），否则为小规模事务所（small audit firm）。

与 *DA* 的负相关关系较为显著，F 检验表明二者存在显著差异，说明国际化提高审计质量的效应在大型事务所样本中更为显著，进一步验证了事务所国际化在声誉机制的作用下促进审计质量的提高。

表 5 - 6　　　事务所规模分组：事务所国际化与审计质量的实证结果

变量	big audit firm	small audit firm	big audit firm	small audit firm	big audit firm	small audit firm
	DA	*DA*	*DA*	*DA*	*DA*	*DA*
INTAUD	- 0.005 *** (- 5.033)	- 0.002 * (- 1.746)	- 0.002 *** (- 3.990)	- 0.001 (- 1.146)	- 0.002 ** (- 2.385)	- 0.001 (- 0.321)
SIZE			- 0.003 * (- 2.839)	- 0.005 *** (- 8.327)	- 0.003 ** (- 3.225)	- 0.005 *** (- 8.122)
CF			- 0.065 ** (- 4.417)	- 0.072 *** (- 6.922)	- 0.048 ** (- 3.253)	- 0.054 *** (- 4.722)
FEE			- 0.002 (- 1.519)	- 0.001 (- 1.135)	- 0.001 (- 1.051)	- 0.001 (- 0.478)
OPINION_L			0.006 (2.319)	0.008 *** (3.013)	0.006 (2.349)	0.008 *** (3.183)
Z			0.001 (2.009)	0.003 ** (2.185)	0.002 ** (3.228)	0.003 ** (2.124)
GROWTH			0.001 (0.583)	- 0.001 (- 0.531)	0.002 (0.770)	0.001 (0.196)
REC			- 0.015 (- 2.119)	- 0.025 *** (- 6.077)	- 0.001 (- 0.076)	- 0.011 ** (- 2.459)
LIQUID			- 0.000 (- 0.069)	- 0.000 (- 1.433)	- 0.001 (- 1.020)	- 0.001 *** (- 3.341)
LEV			0.018 *** (13.581)	0.019 *** (7.156)	0.013 *** (6.658)	0.012 *** (4.594)
ROE			0.063 *** (10.697)	0.071 *** (7.659)	0.054 *** (11.499)	0.065 *** (7.153)

续表

变量	big audit firm	small audit firm	big audit firm	small audit firm	big audit firm	small audit firm
	DA	DA	DA	DA	DA	DA
常数项	0.048 *** (50.380)	0.045 *** (59.762)	0.125 *** (7.148)	0.143 *** (17.614)	0.118 *** (7.089)	0.137 *** (14.178)
行业效应	未控制	未控制	未控制	未控制	控制	控制
年度效应	未控制	未控制	未控制	未控制	控制	控制
观测值	9956	16624	9956	16624	9956	16624
R-squared	0.002	0.001	0.046	0.054	0.068	0.081

注: *** 、** 和 * 分别表示 1% 、5% 和 10% 的水平上显著。

5.4.3 境外业务收入

上文研究发现在 PCAOB 注册的事务所为了维护国际声誉，降低潜在风险，有动机增加审计投入，提供高质量的审计产品，审计师除了有动机还需要有能力。对于客户有境外业务收入的事务所，其在 PCAOB 注册之后通过学习国际审计技术，积累国际审计执业经验，提高国际专业能力。为了进一步验证会计师事务所国际化提高审计质量的能力，本部分结合客户境外业务收入分组检验，检验结果如表 5 - 7 所示。定义客户境外业务收入（OFDI）为若会计师事务所的客户有境外业务收入则取 1，否则取 0。结果显示相比于客户没有境外业务收入（OFDI = 0），在客户有境外业务收入（OFDI = 1）样本中 INTAUD 与 DA 的负相关关系较为显著（至少在 1% 水平显著），F 检验表明二者存在显著差异，说明国际化提高审计质量的效应在客户有境外业务收入的事务所样本中更为显著，进一步验证了事务所国际化在 PCAOB 注册之后有能力提高审计质量。

表 5 - 7　　客户境外业务收入分组：事务所国际化与审计质量的实证结果

变量	OFDI = 1	OFDI = 0	OFDI = 1	OFDI = 0	OFDI = 1	OFDI = 0
	DA	DA	DA	DA	DA	DA
INTAUD	-0.003 *** (-4.608)	-0.002 ** (-2.219)	-0.002 *** (-3.405)	-0.002 (-1.561)	-0.003 *** (-6.454)	-0.002 ** (-2.306)

续表

变量	OFDI = 1	OFDI = 0	OFDI = 1	OFDI = 0	OFDI = 1	OFDI = 0
	DA	DA	DA	DA	DA	DA
SIZE			−0.003 *** (−4.305)	−0.004 *** (−8.166)	−0.003 *** (−4.355)	−0.005 *** (−8.592)
CF			−0.063 *** (−4.893)	−0.072 *** (−6.991)	−0.054 *** (−3.922)	−0.050 *** (−4.724)
FEE			−0.001 (−0.835)	−0.001 (−0.707)	−0.001 (−0.607)	0.000 (0.061)
OPINION_L			0.006 (0.823)	0.008 *** (3.429)	0.007 (0.954)	0.008 *** (3.646)
BIG4			−0.003 (−1.265)	−0.002 (−1.041)	−0.002 (−0.877)	−0.003 (−1.576)
Z			−0.002 (−0.936)	0.004 *** (3.373)	−0.001 (−0.685)	0.004 *** (3.085)
GROWTH			−0.002 (−1.517)	0.001 (0.925)	−0.001 (−0.626)	0.001 (1.177)
REC			−0.015 *** (−3.401)	−0.022 *** (−4.722)	−0.008 * (−1.745)	−0.007 (−1.464)
LIQUID			−0.000 (−1.427)	−0.000 (−0.540)	−0.000 ** (−2.020)	−0.000 *** (−2.865)
LEV			0.013 *** (3.654)	0.021 *** (8.790)	0.009 *** (2.770)	0.014 *** (5.415)
ROE			0.089 *** (6.708)	0.058 *** (8.303)	0.080 *** (6.354)	0.054 *** (7.465)
常数项	0.041 *** (41.585)	0.046 *** (64.394)	0.121 *** (12.422)	0.132 *** (12.296)	0.129 *** (11.316)	0.131 *** (11.207)
行业效应	未控制	未控制	未控制	未控制	控制	控制
年度效应	未控制	未控制	未控制	未控制	控制	控制
观测值	9086	17494	9086	17494	9086	17494
R-squared	0.001	0.001	0.043	0.052	0.059	0.080

注：***、** 和 * 分别表示 1%、5% 和 10% 的水平上显著。

5.4.4 注册会计师人数

本部分考察会计师事务所国际化对事务所内部注册会计师人员结构的影响。定义注册会计师人数（TNUMCPA）为会计师事务所总所及分所内取得注册会计师资格的执业人员数量的自然对数。数据来自中国注册会计师协会网站中的历届会计师事务所综合评价信息，通过手工提取整理得到事务所的注册会计师人数。表5-8中事务所国际化与注册会计师人数的实证回归结果显示：INTAUD 与 TNUMCPA 显著正相关（至少在5%水平显著），说明会计师事务所在 PCAOB 注册之后会吸收更多的取得注册会计师资格的执业人员，提高审计师的职业能力。

表5-8　　　　　　　事务所国际化与注册会计师人数的实证结果

变量	TNUMCPA	TNUMCPA	TNUMCPA
INTAUD	0.687 ** (2.439)	0.903 *** (3.648)	1.354 ** (2.131)
SIZE		-0.053 * (-2.054)	-0.038 * (-1.783)
CF		0.021 (0.199)	-0.134 (-1.265)
FEE		0.131 * (1.935)	0.141 ** (2.292)
OPINION_L		0.155 * (1.747)	0.071 (1.076)
BIG4		0.446 (0.807)	0.703 (1.216)
Z		0.021 (0.309)	0.078 (1.426)
GROWTH		-0.027 (-0.773)	-0.043 (-1.283)

续表

变量	TNUMCPA	TNUMCPA	TNUMCPA
REC		0.322 (1.685)	0.215 (1.607)
LIQUID		-0.009 (-1.057)	-0.003 (-0.463)
LEV		0.012 (0.205)	0.048 (0.898)
ROE		0.022 (0.075)	-0.105 (-0.528)
常数项	6.686 *** (23.175)	5.799 *** (5.952)	5.580 *** (6.940)
行业效应	未控制	未控制	控制
年度效应	未控制	未控制	控制
观测值	15412	15412	15412
R-squared	0.137	0.176	0.245

注： *** 、** 和 * 分别表示 1%、5% 和 10% 的水平上显著。

5.4.5 注册会计师学历素质

上文研究发现会计师事务所在 PCAOB 注册之后注册会计师人数有所增加，本部分考察会计师事务所国际化对注册会计师学历素质的影响。定义注册会计师学历（EDU）为会计师事务所内学历为博士，或硕士，或本科的审计师总数的自然对数。数据来自中国注册会计师协会网站中的历届会计师事务所综合评价信息，以及中国注册会计师行业管理系统，通过手工提取整理得到事务所的注册会计师学历数据。表 5-9 中事务所国际化与注册会计师学历的实证回归结果显示：INTAUD 与 EDU 显著正相关（至少在 1% 水平显著），说明事务所在 PCAOB 注册之后会吸收更多的高学历素质的执业人员，提高审计师的学历素质，体现为审计师能力的提升。

表 5 - 9 事务所国际化与注册会计师学历的实证结果

变量	EDU	EDU	EDU
INTAUD	0.395 *** (3.528)	0.612 *** (3.057)	0.999 *** (3.391)
SIZE		-0.114 *** (-3.125)	-0.096 ** (-2.634)
CF		-0.052 (-0.492)	-0.219 (-1.606)
FEE		0.228 ** (2.437)	0.248 *** (3.035)
OPINION_L		0.165 * (1.979)	0.111 (1.513)
BIG4		0.441 (0.616)	0.651 (0.850)
Z		0.134 (1.333)	0.187 ** (2.335)
GROWTH		-0.049 (-1.159)	-0.056 (-1.332)
REC		0.190 (0.840)	0.069 (0.380)
LIQUID		-0.020 (-1.619)	-0.015 (-1.369)
LEV		0.090 (1.368)	0.103 (1.626)
ROE		-0.349 (-0.919)	-0.511 ** (-2.091)
常数项	5.491 *** (14.875)	4.543 *** (3.545)	3.971 *** (3.966)
行业效应	未控制	未控制	控制
年度效应	未控制	未控制	控制
观测值	15412	15412	15412
R-squared	0.034	0.079	0.116

注：*** 、** 和 * 分别表示 1%、5% 和 10% 的水平上显著。

5.5 稳健性检验

上文研究发现中国境内会计师事务所国际化从供给方提高了审计师行业专业能力与审计独立性，进而有助于审计质量的提升。为了排除审计需求等因素可能产生的潜在干扰，下文结合境外投资者持股、发行 H 股或 B 股等进行稳健性测试。

5.5.1 境外投资者持股

合格境外投资者持股的企业对高质量审计的需求程度较高（Gul，Kim and Qiu，2010；张宗益和宋增基，2010）。本部分为了排除境外投资者持股这一审计需求因素可能的影响，分组检验境外投资者持股与未持股样本中事务所国际化对审计质量影响程度的差异。若企业有合格境外投资者持股则定义 $Qfii$ 为 1，否则为 0。分组检验结果列示于表 5 – 10，结果显示在 $Qfii$ 为 0 的样本中 $INTAUD$ 与 DA 显著负相关，而在 $Qfii$ 为 1 的样本中不显著，F 检验表明二者存在显著差异，说明会计师事务所国际化对审计质量的影响并不是由境外投资者持股这一审计需求因素主导。

表 5 – 10　　　　　　　　　境外投资者持股差异的实证结果

变量	$Qfii = 0$	$Qfii = 1$	$Qfii = 0$	$Qfii = 1$
	DA	DA	DA	DA
$INTAUD$	-0.003^{***} (-2.618)	-0.003 (-1.195)	-0.001^{*} (-1.863)	-0.004 (-1.535)
$SIZE$			-0.004^{***} (-7.835)	-0.005^{***} (-4.796)
CF			-0.055^{***} (-6.169)	-0.020 (-0.724)

续表

变量	Qfii = 0	Qfii = 1	Qfii = 0	Qfii = 1
	DA	DA	DA	DA
FEE			−0.001 (−0.547)	0.002 (0.960)
OPINION_L			0.008 *** (3.954)	−0.009 ** (−2.014)
BIG4			−0.003 * (−1.879)	−0.005 (−1.045)
Z			0.002 ** (2.376)	0.004 (0.895)
GROWTH			0.001 (0.823)	−0.001 (−0.112)
REC			−0.007 (−1.643)	−0.013 (−1.139)
LIQUID			−0.001 *** (−3.488)	−0.001 (−0.126)
LEV			0.012 *** (6.006)	0.021 *** (4.242)
ROE			0.063 *** (9.999)	0.053 ** (2.569)
常数项	0.045 *** (65.511)	0.042 *** (26.275)	0.125 *** (12.456)	0.131 *** (6.835)
行业效应	未控制	未控制	控制	控制
年度效应	未控制	未控制	控制	控制
观测值	24054	2526	24054	226
R-squared	0.001	0.001	0.074	0.099

注: ***、** 和 * 分别表示 1%、5% 和 10% 的水平上显著。

5.5.2 发行 H 股或 B 股

对于发行 H 股或 B 股的中国境内上市公司，其信息披露不仅需要满足境内交易所的相关要求，还需满足境外的相关要求，因而对审计的需求程度较高（张立民，彭雯和钟凯，2018b）。本部分为了排除发行 H 股或 B 股这一审计需求因素可能的影响，分组检验在不同板块上市的公司样本中事务所国际化对审计质量影响程度的差异。若企业为 A + H 股或者 A + B 股上市公司则定义 ABH 为 1，否则为 0。分组检验结果列示于表 5 – 11，结果显示在 ABH 为 0 的样本中 INTAUD 与 DA 显著负相关，而在 ABH 为 1 的样本中不显著，F 检验表明二者存在显著差异，说明会计师事务所国际化对审计质量的影响并不是由上市板块差异这一审计需求因素主导。

表 5 – 11　　　　　　　　发行 H 股或 B 股的实证结果

变量	ABH = 0	ABH = 1	ABH = 0	ABH = 1
	DA	DA	DA	DA
INTAUD	− 0. 003 *** （− 3. 357）	0. 003 （0. 847）	− 0. 002 ** （− 2. 217）	0. 002 （0. 649）
SIZE			− 0. 004 *** （− 7. 527）	− 0. 004 *** （− 3. 496）
CF			− 0. 056 *** （− 6. 436）	0. 015 （0. 599）
FEE			− 0. 001 （− 0. 406）	0. 001 （0. 396）
OPINION_L			0. 009 *** （3. 809）	− 0. 004 （− 0. 751）
BIG4			− 0. 003 * （− 1. 687）	− 0. 001 （− 0. 098）
Z			0. 002 ** （2. 130）	0. 001 （0. 238）

续表

变量	ABH = 0	ABH = 1	ABH = 0	ABH = 1
	DA	DA	DA	DA
GROWTH			0.001 (0.588)	0.001 (0.172)
REC			− 0.008 ** (− 2.133)	0.005 (0.468)
LIQUID			− 0.001 *** (− 3.953)	0.003 ** (2.293)
LEV			0.012 *** (6.113)	0.025 *** (2.972)
ROE			0.065 *** (9.484)	0.045 * (1.733)
常数项	0.046 *** (75.198)	0.038 *** (24.374)	0.129 *** (12.663)	0.098 *** (4.363)
行业效应	未控制	未控制	控制	控制
年度效应	未控制	未控制	控制	控制
观测值	24745	1835	24745	1835
R-squared	0.002	0.001	0.073	0.133

注：*** 、** 和 * 分别表示 1%、5% 和 10% 的水平上显著。

5.5.3　剔除国际四大会计师事务所样本

上文研究发现会计师事务所国际化能够提升境内业务审计质量，为了排除国际四大会计师事务所对前文实证结果可能产生的潜在干扰，本部分剔除国际四大会计师事务所样本，仅保留非国际四大会计师事务所样本对模型（5 - 1）进行回归，结果列示于表 5 - 12，结果显示 INTAUD 与 DA 显著负相关（至少在 5% 水平显著），表明中国境内会计师事务所在 PCAOB 注册促使境内业务审计质量的提升，为事务所国际化对于审计质量的提升效应提供了稳健性证据。

表 5 – 12   非国际四大事务所的实证结果

变量	DA	DA	DA
INTAUD	− 0.004 *** (− 3.923)	− 0.002 ** (− 2.050)	− 0.002 ** (− 2.179)
SIZE		− 0.004 *** (− 7.625)	− 0.004 *** (− 8.491)
CF		− 0.072 *** (− 8.579)	− 0.055 *** (− 6.311)
FEE		− 0.001 (− 1.245)	− 0.001 (− 0.074)
OPINION_L		0.008 *** (3.756)	0.008 *** (3.877)
Z		0.002 ** (2.080)	0.002 ** (2.245)
GROWTH		− 0.001 (− 0.262)	0.001 (0.335)
REC		− 0.021 *** (− 5.272)	− 0.006 * (− 1.698)
LIQUID		− 0.001 (− 1.154)	− 0.001 *** (− 2.994)
LEV		0.019 *** (11.358)	0.013 *** (7.715)
ROE		0.073 *** (11.333)	0.067 *** (10.381)
常数项	0.046 *** (78.270)	0.134 *** (14.306)	0.127 *** (12.091)
行业效应	未控制	未控制	控制
年度效应	未控制	未控制	控制
观测值	24844	24844	24844
R-squared	0.002	0.051	0.074

注：***、** 和 * 分别表示 1%、5% 和 10% 的水平上显著。

5.5.4 克服内生性问题

鉴于会计师事务所是否采用国际化战略可能并非随机选择，可能会对上文研究发现的稳健性产生影响，为了检验上述结论的可靠性，本部分采用倾向得分匹配法（PSM）进行核匹配。在劳伦斯等（Lawrence，Minutti-Meza and Zhang，2011）的审计师选择模型基础上，借鉴比尔等（Bills，Cunningham and Myers，2016）的研究设计，考虑到国际化与非国际化事务所之间可能在客户经营风险、成长性、审计师特征等方面存在系统性差异，本部分选取自由现金流量比率、资产负债率、成长能力、审计收费、审计意见等变量作为 PSM 匹配过程中的解释变量，被解释变量为 INTAUD。表 5 – 13 为 Logit 模型回归得到倾向匹配得分过程，结果显示自由现金流量比率、资产负债率、成长能力、审计收费、审计意见等因素都对 INTAUD 具有显著解释力。

表 5 – 13 Logit 模型回归得到倾向匹配得分

变量	INTAUD
CF	0. 247 ** （2. 171）
GROWTH	− 0. 018 ** （− 2. 494）
LIQUID	0. 015 ** （2. 061）
LEV	0. 181 *** （2. 664）
FEE	− 0. 176 *** （− 7. 921）
OPINION	− 0. 106 ** （− 2. 268）
常数项	2. 751 *** （8. 291）

续表

变量	INTAUD
行业效应	控制
年度效应	控制
观测值	22859
Pseudo R^2	0.114

注：*** 、** 和 * 分别表示1%、5%和10%的水平上显著。

表5 – 14为匹配前后变量差异结果，相对于匹配之前，匹配之后国际化事务所样本（$INTAUD = 1$）与非国际化事务所样本（$INTAUD = 0$）的差异缩小，表明匹配效果理想，匹配之后国际化事务所与非国际化事务所样本之间非随机性抽样的内生性干扰得到缓解。

表5 – 14　　　　　　　　　　匹配前后变量差异

变量	匹配项	$INTAUD = 1$	$INTAUD = 0$	差异
		（1）均值	（2）均值	（2）-（1）
CF	匹配前	0.046	0.051	0.004
	匹配后	0.046	0.045	- 0.001
GROWTH	匹配前	0.209	0.214	0.005
	匹配后	0.209	0.205	- 0.004
LIQUID	匹配前	2.522	2.166	- 0.356
	匹配后	2.522	2.386	- 0.136
LEV	匹配前	0.510	0.542	0.032
	匹配后	0.510	0.512	0.002
FEE	匹配前	13.682	13.583	- 0.143
	匹配后	13.682	13.686	- 0.028
OPINION	匹配前	0.013	0.016	- 0.012
	匹配后	0.013	0.014	- 0.010

　　匹配后样本的检验结果列示于表 5 - 15，结果显示匹配之后 *INTAUD* 与 *DA* 显著负相关（至少在 5% 水平显著）。结果说明即使考虑国际化事务所与非国际化事务所之间可能存在的系统性差异问题，上文研究发现仍然成立，即中国境内会计师事务所国际化有助于审计质量的提升。

表 5 - 15　　　　　　　　　　倾向得分匹配检验（PSM）结果

变量	DA	DA	DA
INTAUD	- 0.002 ** (- 2.014)	- 0.002 ** (- 2.218)	- 0.002 ** (- 2.168)
SIZE		- 0.004 *** (- 8.154)	- 0.005 *** (- 9.036)
CF		- 0.077 *** (- 8.517)	- 0.059 *** (- 6.321)
FEE		- 0.001 (- 0.763)	0.001 (0.556)
OPINION_L		0.009 *** (3.548)	0.010 *** (3.752)
BIG4		- 0.003 (- 1.250)	- 0.004 (- 1.642)
Z		0.003 *** (2.974)	0.003 *** (3.057)
GROWTH		- 0.001 (- 0.630)	- 0.001 (- 0.063)
REC		- 0.026 *** (- 6.266)	- 0.010 *** (- 2.762)
LIQUID		- 0.001 ** (- 2.428)	- 0.001 *** (- 4.067)
LEV		0.019 *** (11.210)	0.013 *** (7.428)

续表

变量	DA	DA	DA
ROE		0.067 *** (9.922)	0.060 *** (9.033)
常数项	0.045 *** (52.135)	0.136 *** (15.728)	0.129 *** (12.991)
行业效应	未控制	未控制	控制
年度效应	未控制	未控制	控制
观测值	22835	22835	22835
R-squared	0.001	0.055	0.078

注: *** 、** 和 * 分别表示 1% 、5% 和 10% 的水平上显著。

5.6 本章小结

本章研究发现中国境内会计师事务所国际化有助于审计质量的提升，中国境内会计师事务所为了满足 PCAOB 注册的要求，与国际技术接轨，需要学习组建国际化团队，提高自身专业能力，从而提升审计质量。进一步研究发现国际化提高审计质量的效应在大型事务所样本和高风险样本中更为显著，验证了事务所国际化在声誉机制的作用下促进审计质量的提高。能力方面，结合客户境外业务收入、事务所注册会计师人数、注册会计师学历素质的实证检验结果表明事务所国际化促使审计师国际专业能力的提升；事务所在 PCAOB 注册之后会吸收更多高学历的注册会计师，提高审计师的素质能力，进一步验证了事务所国际化通过学习机制促使审计师提高审计质量的能力渠道。结合境外投资者持股、上市板块差异、剔除国际四大会计师事务所样本的检验，排除审计需求等因素可能产生的潜在干扰，为本章的研究结论提供了稳健性证据。最后采用倾向得分匹配的检验结果说明即使考虑国际化事务所与非国际化事务所之间可能存在的系统性差异问题，上文研究发现仍然成立，即事务所国际化有助于审计质量的提升。

本章研究对于政策制定方、客户企业、会计师事务所以及监管方具有一定的实践意义。首先，对于政策制定方而言，本章研究发现中国境内会计师事务所国际化能够提高境内审计质量，说明事务所"走出去"能够发挥积极作用，为相关政策制定部门推动事务所国际化提供一定的参考。其次，对于客户企业而言，本章研究发现国际化的中国境内会计师事务所，为了避免声誉受损的成本，会提高境内业务的审计质量。中国境内上市公司在选择审计师的过程中，可考虑将会计师事务所是否国际化作为评判其能否提供高质量审计服务的一项指标，具有实践价值。再其次，对于会计师事务所而言，中国境内会计师事务所在实施国际化战略的过程中逐步提高审计师专业能力，完善事务所内部治理体系，提高审计质量控制标准，对致力于做大做强的中国境内会计师事务所具有实践指导意义。最后，对于市场监管方而言，我国特殊的审计市场结构与美国等发达国家的审计市场结构有所差异（Chu，Simunic，Ye and Zhang，2018），在我国竞争比较激烈的审计市场结构下，本章探讨中国境内会计师事务所国际化对审计质量的影响，为审计监管部门提供实践指导意义。

第6章
会计师事务所国际化
对会计信息可比性的影响

第 4 章和第 5 章主要研究了会计师事务所国际化对审计定价决策行为和审计质量的影响。会计师事务所国际化影响审计质量,进而对会计信息产生作用,国际化的会计师事务所提供审计产品的质量高低决定着会计信息质量的优劣,高质量的审计能够减小公司会计人员披露的财务报表信息与公司实际交易事项等经济业务二者之间的差距,提高会计信息可比性。因此,本章进一步研究会计师事务所国际化对会计信息可比性的影响机理。

会计师事务所作为重要的信息中介能够对会计信息的可比性产生重要作用(曹强,胡南薇和陈乐乐,2016)。会计信息可比性是保障会计信息决策有用的基本特征(Defond, Hu and Hung, et al. , 2011),在会计准则以及审计准则协调趋同的浪潮下,会计信息可比性成为理论界与实务界共同关注的议题。关于会计信息可比性影响因素的现有研究大多关注于会计、审计准则国际趋同对会计信息可比性的影响(Barth, Landsman and Lang, et al. , 2012;Yip and Young, 2012;Cascino and Gassen, 2015)。但即使是在相同的会计准则体系下,各个企业主体也拥有一定的选择会计处理方法的空间(Francis, Pinnuck and Watanabe, 2014),而审计师所具有的专业能力,包括对准则的理解运用能力、专业判断能力、丰富的会计知识与经验储备等,有助于会计人员恰当选择反映公司实际经营状况的会计处理方法与会计政策(Grenier, Pomeroy and Stern, 2015;Bol, Estep and Moers, et al. , 2018)。

那么会计师事务所国际化这一反映审计师供给能力的特征如何影响会计信息可比性？本章探究中国境内会计师事务所在国际化进程中能否通过提升国际专业能力，进而对会计信息可比性产生影响，以期阐明中国境内会计师事务所国际化所具有的积极效应。

6.1　理论分析与研究假说

会计信息可比性是财务信息的重要属性之一（Barth，李英和叶康涛，2013），可比的会计信息有助于降低信息不对称（Defond，Hu and Hung，et al.，2011；De Franco，Kothari and Verdi，2011；Sohn，2016；Chen，Collins and Kravet，et al.，2018；Choi，Choi and Myers，et al.，2019；袁知柱和吴粒，2012）。而审计在信贷资源配置中发挥着重要作用，是企业融资成本等交易成本的重要影响因素（Amin，Krishnan and Yang，2014；Francis，Hunter and Robinson，et al.，2017；Jiang and Zhou，2017；Robin，Wu and Zhang，2017；彭雯和张立民，2016）。准则的制定需要辩证地权衡原则性与规则性：一方面，若仅以原则性为导向，则会计人员在对准则内容的理解以及运用过程中可能存在较大的主观推断；另一方面，若仅以规则性为导向，则可能由于准则条文的复杂性导致其晦涩难懂（郭道扬，2013）。因此，会计人员对于准则的解读存在不确定性，在对公司的经济业务进行会计处理时拥有一定的职业判断权，主观选择能够恰当地反映公司实际经营状况的会计处理方法与会计政策。所以，各个主体公司也拥有会计选择的空间（Cascino and Gassen，2015）。再者，会计人员等会计信息准备者对准则的理解与实际运用也有所差异，这会导致在财务报告上反映相同经济事项的会计信息存在一定的差异（Neel，2017）。当会计信息准备者有动机通过选择性披露来隐蔽机会主义行为时，会计信息可比性将会受到削减（谢盛纹和刘杨晖，2016）。

审计师作为重要的资本市场信息中介，对客户企业报表信息的合理性进行专业判断（Grenier，Pomeroy and Stern，2015），出具审计意见，能够抑制企业管理者的机会主义动机，发挥外部治理监督作用（龚启辉，李志军和王善平，2011），专业能力较高的审计师由于其对被审计客户的依赖性较低，具备较高的独立性与治理作用，能够有效抑制企业管理层利用社会责任攫取私有收益的动机，降低管理层代理冲突（Jayaraman and Milbourn，2015；Ferguson and Pündrich，2015），从而为客户企业财务信息是否遵循会计准则提供合理保证。

已有文献证明审计能够提升财务信息质量，降低信息不对称（Balsam，Krishnan and Yang，2003；Gul，Fung and Jaggi，2009；Chin and Chi，2009；Reichelt and Wang，2010）。由于审计师具备丰富的会计知识与经验储备（Bol，Estep and Moers，et al.，2018），并且会计师事务所具有完善的质量保障机制，能够有效识别关键风险点，对于行业现状、未来发展以及企业的经济事项有着清晰的认识与了解，因此能够有效洞察、判断企业在经营实践过程中发生的经济事项与财务报表信息披露是否真实准确可靠（Mullis and Hatfield，2018）。并且审计师在与客户公司沟通的过程中运用专业知识，判断被审计单位会计处理方法的合理性，包括会计指标的确认与计量基础、估计方法、计算口径的一致性等，缩小相同经济事项在财务报告上反映的差异（Francis，Pinnuck and Watanabe，2014）。

综上所述，通过对已有文献的回顾分析，审计有可能是影响会计信息可比性的一条潜在渠道，而已有文献大多关注于准则对会计信息可比性的作用（Brochet，Jagolinzer and Riedl，2013；Eng，Sun and Vichitsarawong，2014；Wang，2014；Bloomfield，Brüggemann and Christensen，et al.，2017；Neel，2017），鲜有文献关注于会计师事务所国际化这一审计供给特征对会计信息可比性的影响，本章基于中国境内会计师事务所在 PCAOB 注册这一独特的制度背景，深入探究会计师事务所国际化对会计信息可比性的影响机理，以期丰富会计信息可比性影响因素，以及审计作用的相关研究范畴。

由上文分析可知审计作为信息生成的中介环节能够对会计信息的可比性产生重要作用。而在会计信息可比性的影响因素中审计作用力的大小取决于审计师能力以及审计独立性（Defond and Zhang，2014；谢盛纹和刘杨晖，2016）。下文分别从学习效应理论与声誉风险理论视角分析会计师事务所国际化如何通过审计师能力与审计独立性渠道影响会计信息可比性。

基于学习效应理论的分析，班杜拉（Bandura，1999）认为组织行为以及个体决策会受到标杆榜样的影响，在对标杆的学习效仿过程中提升能力，发挥积极效应。中国境内会计师事务所在 PCAOB 注册也存在学习效应：首先学习国际标准（蔡文英，2009；杨瑞平，2010）；再者学习国际会计准则与公认会计准则，美国采用的是公认会计准则体系，我国采用的是国际财务报告准则体系。

基于声誉效应理论的分析，声誉源于行动者的长期动态博弈，是缓解信息不对称、减少不确定性的一种信号传递机制（李晓慧，曹强和孙龙渊，2016）。审计师声誉是各方利益相关者对会计师事务所审计独立性、注册会计师专业水平的整体评价，是审计师行为获得社会认可，进而实现价值创造的能力。国际化的会计师事务所声誉风险较高，由于美国的投资者保护水平位居世界前列，而会计师事务所作为重要的资本市场信息中介，其提供的审计信息为投资者等利益相关者所关注，中国境内事务所在 PCAOB 注册之后为美国投资者所关注，从而面临较高的诉讼风险（Bronson，Ghosh and Hogan，2017），冯等（Fung，Raman and Zhu，2017）研究发现 PCAOB 对美国上市公司的审计师进行监管不仅能保护美国上市公司的投资者，而且对于美国境外的投资者保护以及审计质量提升具有积极的作用。因此，在 PCAOB 注册的事后潜在诉讼成本较高，若美国投资者起诉，中国境内事务所也受影响。同时一旦发生审计失败，声誉损毁，将会导致国际与国内审计市场遭受重大损失，需要付出更多艰辛努力重塑形象。综上分析可知，在声誉风险、诉讼成本的作用下，会计师事务所国际化有助于客户会计信息可比性的提升。

此外，在 PCAOB 注册的会计师事务所需要符合其执业标准，包括在审计工作底稿中详细记录审计流程中发现的问题，按照明确的条例填写业务完成书（engagement completion document），注册会计师进行相机抉择的空间较小。而中国注册会计师审计准则的原则导向性较强，注册会计师能够根据被审计单位实际情况、考虑行业市场环境以及宏观经济周期（张立民，彭雯和钟凯，2018a）等因素，相对机动地决定各项审计业务采用的证据收集程序以及审计测试方法，对实施的审计风险评估程序等具体细节进行相机抉择。中国境内会计师事务所为了满足 PCAOB 注册的要求，需要与国际职业标准体系接轨，对会计准则以及审计准则的理解与执行强度也逐步实现国际协调趋同，从而提高会计信息可比性。

基于以上分析，提出如下假设：

H6 - 1：中国境内会计师事务所国际化促使境内企业会计信息可比性的提高。

6.2 研究设计

6.2.1 变量与模型

为了检验中国境内会计师事务所国际化对会计信息可比性的影响，本章根据德弗兰科等（De Franco，Kothari and Verdi，2011）以及袁知柱和吴粒（2012）的研究方法计算会计信息可比性的测度指标。从会计信息可比性的本质出发，依据盈余 - 收益回归模型，用下列函数式（6 - 1）表示公司交易事项等经济业务转换为会计信息的过程：

$$Statements_i = f_i(Events_i) \qquad (6-1)$$

函数式（6 - 1）右侧表示会计转换函数，若不同企业之间的会计信息可比性越强，则财务报表信息转换差异越小。基于这一逻辑，对于相同或相似的经济事项，若两个不同的企业生成的会计信息可比，则两个会计转换函数 $f_i(Events_i)$ 与 $f_j(Events_j)$ 相似。函数式（6 - 1）左侧的会计信息可以用企业的会计盈余（Ear）这一财务数据测度，右侧函数中的经济事项可以用股票回报（Ret）来测度（Kothari，2001）。用第 t 期之前连续 4 年的 16 个季度数据估计如式（6 - 2）所示：

$$Ear_{i,t} = \alpha_i + \beta_i Ret_{i,t} + \mu_{i,t} \qquad (6-2)$$

对于相同的经济事项 $Ret_{i,t}$，将其分别代入两个不同企业 i 和 j 的会计转换函数，如式（6 - 3）和式（6 - 4）所示：

$$E(Ear)_{i,i,t} = \hat{\alpha}_i + \hat{\beta}_i Ret_{i,t} \qquad (6-3)$$

$$E(Ear)_{i,j,t} = \hat{\alpha}_j + \hat{\beta}_j Ret_{i,t} \qquad (6-4)$$

计算得出预期盈余 $E(Ear)_{i,i,t}$ 和 $E(Ear)_{i,j,t}$ 之后通过式（6 - 5）计算配对企业可比性数值 $ComAcc$：

$$ComAcc_{i,j,t} = -\frac{1}{16} \times \sum_{t-15}^{t} \left| E(Ear)_{i,i,t} - E(Ear)_{i,j,t} \right| \qquad (6-5)$$

以企业 i 为基准，计算出企业 i 与同行业内其他配对企业可比性数值 $ComAcc$ 的平均值 $ComMean$ 和中位数 $ComMed$，用于度量企业 i 的会计信息可比性。该值越大，说明企业的会计信息可比性就越高。本章借鉴贝克等（Beck，Levine and Levkov，2010）设计的模型（Atanassov，2013；罗棪心，麻志明和王亚平，2018；钱爱民，朱大鹏和郁智，2018），构造模型（6-6）和模型（6-7）进行实证检验：

$$ComMean_{i,t} = \alpha_0 + \alpha_1 INTAUD_{n,t} + \sum Controls_{i,t} + \mu_{i,t} \qquad (6-6)$$

$$ComMed_{i,t} = \alpha_0 + \alpha_1 INTAUD_{n,t} + \sum Controls_{i,t} + \mu_{i,t} \qquad (6-7)$$

解释变量 $INTAUD$ 表示中国境内会计师事务所在 PCAOB 注册前后的虚拟变量，在 PCAOB 注册的中国境内会计师事务所为处理组，未注册的事务所为控制组，处理组中事务所 n 于 t 年在 PCAOB 注册，定义 $INTAUD$ 在 t 年之后的年度为 1，其他为 0，控制组中 $INTAUD$ 取值为 0。$Controls$ 表示相关控制变量，参考已往研究（谢盛纹和刘杨晖，2016），选用客户公司规模、自由现金流量比率、流动比率、资产负债率、盈利能力等作为控制变量。相关变量定义如表 6-1 所示。

表 6-1 变量定义

变量名称	变量说明
ComMean	所有配对企业可比性数值 ComAcc 的平均值
ComMed	所有配对企业可比性数值 ComAcc 的中位数
INTAUD	事务所国际化，中国境内会计师事务所在 PCAOB 注册前后的虚拟变量
SIZE	客户公司规模，总资产的自然对数
CF	经营活动产生的现金流量净额/总资产
EPS	每股盈利
BM	权益总额/股票总市值
INVTA	存货比率
ROA	盈利能力

续表

变量名称	变量说明
LIQUID	流动比率，流动资产/流动负债
LEV	财务杠杆，资产负债率

6.2.2 数据来源

本章研究的相关财务数据来自国泰安（CSMAR）数据库。中国境内会计师事务所在 PCAOB 的注册信息为手工整理数据，原始信息来源于 PCAOB 官方网站。鉴于会计信息可比性的测度方法需前连续 4 年的 16 个季度的财务数据和股票交易数据，而财务报表季度数据从 2002 年第一季度开始披露较为完备，因此研究样本为 2005～2018 年中国境内 A 股主板上市公司。按照如下方法对数据进行筛选处理：剔除金融行业样本；剔除数据缺失样本；剔除没有连续 4 年 16 个季度数据的样本；剔除净资产小于 0 样本；针对连续型变量两端进行 1% 缩尾（winsorize）处理。

6.3 基本实证结果

6.3.1 描述性统计与相关分析

变量的描述性统计结果如表 6-2 所示。结果显示 *ComMed* 的均值为 -0.025，中位数为 -0.021，*INTAUD* 的均值为 0.517，中位数为 1.000，控制变量 *SIZE* 的均值为 22.360，中位数为 22.210。

表 6-2 描述性统计

变量	样本数	平均值	标准差	P25	P50	P75
ComMean	15558	-0.025	0.014	-0.028	-0.021	-0.017

续表

变量	样本数	平均值	标准差	P25	P50	P75
ComMed	15558	-0.025	0.014	-0.028	-0.021	-0.017
INTAUD	15558	0.517	0.500	0.000	1.000	1.000
SIZE	15558	22.360	1.259	21.490	22.210	23.090
CF	15558	0.049	0.073	0.008	0.047	0.090
ROA	15558	0.047	0.040	0.019	0.037	0.064
BM	15558	1.049	0.997	0.416	0.718	1.297
LEV	15558	0.562	0.305	0.351	0.532	0.720
LIQUID	15558	1.959	1.666	1.059	1.483	2.206
INVTA	15558	0.168	0.162	0.062	0.123	0.212
EPS	15558	0.392	0.403	0.120	0.270	0.520

表6-3列示了本章主要变量的 Pearson 相关系数，结果显示：*INTAUD* 与 *ComMean* 显著正相关（在1%水平显著），一定程度上说明中国境内会计师事务所国际化有助于会计信息可比性的提升。变量间的 Pearson 相关系数在 0.5 以下，并且在回归过程中进行了方差膨胀因子（VIF）检验，VIF 值都在 5 以下（小于阈值），说明把这些变量引入回归模型不会产生明显的多重共线性问题。

表6-3 相关系数

变量	*ComMean*	*INTAUD*	*SIZE*	*CF*	*ROA*	*BM*	*LEV*	*LIQUID*	*INVTA*	*EPS*
ComMean	1									
INTAUD	0.106 ***	1								
SIZE	-0.297 ***	-0.004	1							
CF	-0.052 ***	-0.022 ***	-0.004	1						
ROA	-0.024 ***	0.007	-0.053 ***	0.415 ***	1					
BM	-0.250 ***	-0.016 *	0.612 ***	-0.133 ***	-0.337 ***	1				
LEV	-0.185 ***	-0.040 ***	0.391 ***	-0.186 ***	-0.241 ***	0.420 ***	1			

续表

变量	ComMean	INTAUD	SIZE	CF	ROA	BM	LEV	LIQUID	INVTA	EPS
LIQUID	0. 157 ***	0. 076 ***	- 0. 280 ***	- 0. 022 ***	0. 224 ***	- 0. 288 ***	- 0. 481 ***	1		
INVTA	- 0. 064 ***	- 0. 01	0. 094 ***	- 0. 271 ***	- 0. 145 ***	0. 244 ***	0. 280 ***	- 0. 034 ***	1	
EPS	- 0. 162 ***	- 0. 016 **	0. 349 ***	0. 260 ***	0. 653 ***	0. 015 *	0. 096 ***	- 0. 004	0. 005	1

注: *** 、 ** 和 * 分别表示 1% 、 5% 和 10% 的水平上显著。

6.3.2 基本回归结果

为了检验中国境内会计师事务所国际化对会计信息可比性的影响，本章根据德弗兰科（De Franco, Kothari and Verdi, 2011）的研究方法，计算 *ComMean* 和 *ComMed* 作为会计信息可比性的测度变量。实证结果列示于表 6 – 4，结果显示 *INTAUD* 与 *ComMean*（*ComMed*）显著正相关（至少在 10% 水平显著），说明会计师事务所国际化有助于提升客户会计信息可比性。

表 6 – 4 　　　　　事务所国际化与会计信息可比性的实证结果

变量	ComMean	ComMean	ComMean	ComMed	ComMed	ComMed
INTAUD	0. 003 *** (6. 590)	0. 003 *** (6. 805)	0. 001 * (1. 776)	0. 003 *** (6. 572)	0. 003 *** (6. 775)	0. 001 * (1. 717)
SIZE		- 0. 002 *** (- 6. 854)	- 0. 002 *** (- 6. 718)		- 0. 002 *** (- 6. 844)	- 0. 002 *** (- 6. 731)
CF		- 0. 009 *** (- 3. 791)	- 0. 001 (- 0. 527)		- 0. 009 *** (- 3. 824)	- 0. 001 (- 0. 591)
ROA		- 0. 018 ** (- 2. 168)	- 0. 013 (- 1. 596)		- 0. 018 ** (- 2. 160)	- 0. 013 (- 1. 590)
BM		- 0. 002 *** (- 5. 696)	- 0. 002 *** (- 5. 566)		- 0. 002 *** (- 5. 620)	- 0. 002 *** (- 5. 501)
LEV		- 0. 002 *** (- 2. 657)	0. 001 (0. 128)		- 0. 002 *** (- 2. 658)	0. 000 (0. 108)

续表

变量	ComMean	ComMean	ComMean	ComMed	ComMed	ComMed
LIQUID		0.001 *** (3.481)	0.001 (1.598)		0.001 *** (3.487)	0.001 (1.597)
INVTA		− 0.002 (− 1.150)	0.002 (1.358)		− 0.002 (− 1.166)	0.002 (1.355)
EPS		− 0.002 * (− 1.725)	− 0.002 ** (− 2.499)		− 0.002 * (− 1.681)	− 0.002 ** (− 2.427)
常数项	− 0.026 *** (− 70.750)	0.019 *** (3.392)	0.004 (0.619)	− 0.026 *** (− 70.549)	0.019 *** (3.392)	0.001 (0.205)
行业效应	未控制	未控制	控制	未控制	未控制	控制
年度效应	未控制	未控制	控制	未控制	未控制	控制
观测值	15558	15558	15558	15558	15558	15558
R-squared	0.011	0.122	0.234	0.011	0.121	0.232

注：***、** 和 * 分别表示 1%、5% 和 10% 的水平上显著。

6.4 进一步检验

6.4.1 声誉机制

表 6-5 结果显示相比于小规模事务所（small audit firm），在大规模事务所（big audit firm）样本中会计师事务所国际化 *INTAUD* 与会计信息可比性 *ComMean* 的正相关关系较为显著[①]，进一步验证了事务所国际化在声誉机制的作用下促进会计信息可比性的提高。

---

① F 检验结果显示分样本检验结果存在显著差异。

表 6 − 5   事务所规模分组：事务所国际化与可比性的实证结果

变量	big audit firm	small audit firm	big audit firm	small audit firm	big audit firm	small audit firm
	ComMean	*ComMean*	*ComMean*	*ComMean*	*ComMean*	*ComMean*
INTAUD	0.005 *** (5.536)	0.002 (1.349)	0.006 *** (6.357)	0.002 * (1.693)	0.003 *** (4.928)	0.001 (0.001)
SIZE			− 0.002 *** (− 4.595)	− 0.002 *** (− 5.694)	− 0.002 *** (− 3.780)	− 0.002 *** (− 5.725)
CF			− 0.007 ** (− 2.531)	− 0.009 *** (− 2.745)	− 0.001 (− 0.293)	− 0.001 (− 0.399)
ROA			− 0.023 ** (− 2.253)	− 0.016 (− 1.431)	− 0.028 *** (− 2.825)	− 0.004 (− 0.338)
BM			− 0.002 *** (− 3.851)	− 0.002 *** (− 4.452)	− 0.002 *** (− 3.780)	− 0.002 *** (− 4.447)
LEV			− 0.002 ** (− 1.980)	− 0.002 ** (− 2.012)	− 0.000 (− 0.289)	− 0.000 (− 0.008)
LIQUID			0.001 (1.099)	0.001 *** (3.881)	0.001 (0.412)	0.001 * (1.912)
INVTA			− 0.002 (− 0.917)	− 0.002 (− 0.852)	0.002 (0.926)	0.002 (1.084)
EPS			0.001 (0.238)	− 0.003 * (− 1.922)	− 0.001 (− 0.059)	− 0.004 *** (− 2.772)
常数项	− 0.028 *** (− 30.509)	− 0.026 *** (− 67.813)	0.011 (1.493)	0.023 *** (3.074)	0.013 (1.564)	0.007 (0.857)
行业效应	未控制	未控制	未控制	未控制	控制	控制
年度效应	未控制	未控制	未控制	未控制	控制	控制
观测值	6208	9350	6208	9350	6208	9350
R-squared	0.008	0.002	0.104	0.126	0.209	0.246

注：***、** 和 * 分别表示 1%、5% 和 10% 的水平上显著。

6.4.2 学习机制

审计准则国际趋同对会计师事务所来说既可能是机遇也可能是挑战。2010 年财政部发布修订后的中国注册会计师审计准则，标志着中国注册会计师审计准则与国际审计准则全面趋同，为中国会计师事务所国际化带了机遇（张立民和唐松华，2008），同时在学习国际准则、承接国际业务的过程中也面临着挑战。审计准则国际趋同之后，国际化的事务所通过在 PCAOB 注册，学习国际经验方法，对于国际准则的理解能力更高。本部分结合中国注册会计师审计准则与国际审计准则全面趋同前后分组检验，结果显示相比于 2010 年中国注册会计师审计准则与国际审计准则全面趋同之前，在趋同之后 *INTAUD* 与 *ComMean* 的正相关关系较为显著（至少在 5% 水平显著），F 检验表明二者存在显著差异，说明准则趋同之后事务所国际化对会计信息可比性的提升作用更明显，一定程度上验证了中国会计师事务所在 PCAOB 注册之后，审计师加强了对于准则的理解能力，从而促使境内客户会计信息可比性的提升。

表 6-6　国际审计准则全面趋同前后分组：事务所国际化与可比性的实证结果

变量	2010 年之后	2010 年之前	2010 年之后	2010 年之前	2010 年之后	2010 年之前
	ComMean	*ComMean*	*ComMean*	*ComMean*	*ComMean*	*ComMean*
INTAUD	0.002 *** (3.736)	-0.001 (-0.184)	0.001 *** (2.942)	0.001 (1.254)	0.001 ** (1.981)	-0.000 (-0.101)
SIZE			-0.002 *** (-8.577)	-0.003 *** (-5.091)	-0.002 *** (-6.165)	-0.003 *** (-4.825)
CF			-0.006 ** (-2.532)	-0.001 (-0.333)	-0.001 (-0.522)	-0.000 (-0.068)
ROA			-0.007 (-0.830)	-0.041 ** (-2.364)	-0.006 (-0.774)	-0.041 ** (-2.444)
BM			-0.002 *** (-5.955)	-0.001 ** (-1.990)	-0.002 *** (-5.242)	-0.002 ** (-2.406)

续表

变量	2010 年之后	2010 年之前	2010 年之后	2010 年之前	2010 年之后	2010 年之前
	ComMean	*ComMean*	*ComMean*	*ComMean*	*ComMean*	*ComMean*
LEV			-0.001 (-0.729)	-0.002 (-1.324)	0.001 (0.638)	-0.003 * (-1.717)
LIQUID			0.000 ** (2.440)	-0.000 (-0.024)	0.000 (1.579)	0.000 (0.161)
INVTA			0.001 (0.476)	-0.008 *** (-3.121)	0.004 ** (2.379)	-0.004 (-1.288)
EPS			-0.002 ** (-2.364)	0.002 (1.371)	-0.003 *** (-3.105)	0.003 * (1.742)
常数项	-0.025 *** (-60.603)	-0.031 *** (-62.254)	0.029 *** (5.186)	0.039 *** (3.280)	0.019 *** (2.969)	0.023 * (1.834)
行业效应	未控制	未控制	未控制	未控制	控制	控制
年度效应	未控制	未控制	未控制	未控制	控制	控制
观测值	13231	2327	13231	3321	13231	3321
R-squared	0.004	0.000	0.145	0.087	0.238	0.158

注：***、** 和 * 分别表示 1%、5% 和 10% 的水平上显著。

6.5 稳健性检验

6.5.1 境外投资者持股

合格境外投资者持股的分组检验结果列示于表 6 – 7，结果显示无论是否有合格境外投资者持股会计师事务所国际化 *INTAUD* 与会计信息可比性 *ComMean* 显著负相关，F 检验结果显示分样本检验结果不存在显著差异，说明中国境内会计师事务所在 PCAOB 注册对会计信息可比性的影响机理并不是由境外投资者持股这一因素主导。

表 6 − 7　　　境外投资者持股差异：事务所国际化与可比性的实证结果

变量	Qfii = 0 ComMean	Qfii = 1 ComMean	Qfii = 0 ComMean	Qfii = 1 ComMean	Qfii = 0 ComMean	Qfii = 1 ComMean
INTAUD	0. 002 *** (5. 810)	0. 005 *** (4. 538)	0. 002 *** (6. 055)	0. 004 *** (4. 392)	0. 002 *** (5. 783)	0. 004 *** (4. 577)
SIZE			− 0. 002 *** (− 6. 003)	− 0. 002 *** (− 4. 329)	− 0. 001 *** (− 4. 537)	− 0. 003 *** (− 4. 403)
CF			− 0. 008 *** (− 3. 470)	− 0. 013 * (− 1. 895)	− 0. 005 ** (− 2. 147)	− 0. 010 (− 1. 442)
ROA			− 0. 029 *** (− 3. 581)	0. 039 ** (2. 039)	− 0. 026 *** (− 3. 396)	0. 041 ** (2. 205)
BM			− 0. 002 *** (− 5. 851)	− 0. 002 ** (− 2. 456)	− 0. 001 *** (− 3. 987)	− 0. 002 *** (− 2. 931)
LEV			− 0. 003 *** (− 3. 385)	− 0. 000 (− 0. 009)	− 0. 003 *** (− 3. 600)	− 0. 001 (− 0. 541)
LIQUID			0. 001 *** (3. 206)	0. 001 (1. 576)	0. 001 ** (2. 569)	0. 001 (1. 278)
INVTA			− 0. 002 (− 1. 597)	0. 004 (0. 950)	0. 000 (0. 003)	0. 004 (0. 761)
EPS			− 0. 000 (− 0. 272)	− 0. 006 *** (− 3. 088)	− 0. 001 (− 0. 949)	− 0. 006 *** (− 3. 022)
常数项	− 0. 026 *** (− 74. 193)	− 0. 031 *** (− 30. 145)	0. 016 *** (2. 756)	0. 028 ** (2. 270)	0. 011 * (1. 841)	0. 033 ** (2. 397)
行业效应	未控制	未控制	未控制	未控制	控制	控制
年度效应	未控制	未控制	未控制	未控制	控制	控制
观测值	13857	1701	13857	1701	13857	1701
R-squared	0. 009	0. 028	0. 111	0. 190	0. 173	0. 235

注：*** 、** 和 * 分别表示 1% 、5% 和 10% 的水平上显著。

6.5.2 产权差异

表 6 – 8 列示了产权性质的分组检验结果，结果显示，无论国有上市公司样本（state = 1）还是非国有上市公司样本（state = 0），会计师事务所国际化与会计信息可比性都呈现显著的正相关关系，F 检验结果显示分样本检验结果不存在显著差异，进一步排除了审计需求因素可能产生的潜在干扰。

表 6 – 8　　　　　　　　　产权差异：事务所国际化与可比性的实证结果

变量	state = 0	state = 1	state = 0	state = 1	state = 0	state = 1
	ComMean	ComMean	ComMean	ComMean	ComMean	ComMean
INTAUD	0. 002 *** （3. 355）	0. 002 *** （4. 816）	0. 003 *** （3. 806）	0. 002 *** （5. 947）	0. 003 *** （3. 663）	0. 002 *** （5. 635）
SIZE			− 0. 003 *** （− 6. 065）	− 0. 002 *** （− 5. 191）	− 0. 002 *** （− 4. 718）	− 0. 001 *** （− 4. 048）
CF			− 0. 009 * （− 1. 678）	− 0. 008 *** （− 3. 212）	− 0. 005 （− 1. 080）	− 0. 005 ** （− 2. 130）
ROA			− 0. 008 （− 0. 527）	− 0. 022 ** （− 2. 377）	− 0. 003 （− 0. 200）	− 0. 019 ** （− 2. 154）
BM			− 0. 002 *** （− 4. 225）	− 0. 002 *** （− 4. 834）	− 0. 001 *** （− 2. 920）	− 0. 001 *** （− 3. 321）
LEV			− 0. 004 ** （− 2. 531）	− 0. 002 * （− 1. 745）	− 0. 003 ** （− 2. 087）	− 0. 002 *** （− 2. 609）
LIQUID			0. 000 ** （2. 263）	0. 000 *** （3. 353）	0. 000 * （1. 708）	0. 000 *** （2. 723）
INVTA			0. 003 （1. 126）	− 0. 003 （− 1. 579）	0. 005 （1. 490）	− 0. 001 （− 0. 307）
EPS			− 0. 004 ** （− 2. 088）	− 0. 001 （− 0. 915）	− 0. 004 ** （− 2. 416）	− 0. 001 （− 1. 385）

续表

变量	state = 0	state = 1	state = 0	state = 1	state = 0	state = 1
	ComMean	ComMean	ComMean	ComMean	ComMean	ComMean
常数项	-0.023 *** (-54.297)	-0.025 *** (-58.138)	0.036 *** (3.976)	0.015 ** (2.240)	0.032 *** (3.114)	0.012 (1.591)
行业效应	未控制	未控制	未控制	未控制	控制	控制
年度效应	未控制	未控制	未控制	未控制	控制	控制
观测值	6227	9811	3584	11974	3584	11974
R-squared	0.006	0.008	0.199	0.102	0.255	0.158

注: *** 、 ** 和 * 分别表示 1% 、5% 和 10% 的水平上显著。

6.5.3 客户规模

表 6 - 9 列示了客户规模大小分组的回归结果，结果显示在大客户样本 (big client) 与小客户样本组（small client) 中会计师事务所国际化与会计信息可比性都呈现显著的正相关关系，F 检验结果显示分样本检验结果不存在显著差异。说明中国境内会计师事务所在 PCAOB 注册对会计信息可比性的影响机理并不是由客户规模这一因素主导。

表 6 - 9   客户规模：事务所国际化与可比性的实证结果

变量	big client	small client	big client	small client	big client	small client
	ComMean	ComMean	ComMean	ComMean	ComMean	ComMean
INTAUD	0.003 *** (4.472)	0.002 *** (5.310)	0.003 *** (5.179)	0.002 *** (4.607)	0.003 *** (5.052)	0.001 *** (3.875)
SIZE			-0.004 *** (-10.582)	0.001 * (1.675)	-0.004 *** (-8.652)	0.002 *** (5.952)
CF			-0.015 *** (-4.014)	0.000 (0.013)	-0.014 *** (-3.762)	0.005 ** (2.233)

续表

变量	big client ComMean	small client ComMean	big client ComMean	small client ComMean	big client ComMean	small client ComMean
ROA			- 0.022 * (- 1.902)	- 0.040 *** (- 3.811)	- 0.015 (- 1.325)	- 0.038 *** (- 3.839)
BM			- 0.002 *** (- 4.247)	- 0.001 * (- 1.916)	- 0.001 *** (- 3.675)	0.001 ** (2.101)
LEV			0.000 (0.487)	- 0.008 *** (- 6.914)	0.000 (0.212)	- 0.007 *** (- 6.680)
LIQUID			0.001 *** (4.450)	0.000 (1.367)	0.001 *** (3.869)	0.000 (1.018)
INVTA			- 0.002 (- 0.919)	- 0.003 * (- 1.714)	- 0.002 (- 0.943)	0.000 (0.201)
EPS			- 0.003 ** (- 2.275)	0.004 *** (2.643)	- 0.003 *** (- 2.735)	0.003 ** (2.535)
常数项	- 0.029 *** (- 47.250)	- 0.024 *** (- 70.613)	0.075 *** (8.326)	- 0.032 *** (- 4.102)	0.073 *** (7.027)	- 0.064 *** (- 8.021)
行业效应	未控制	未控制	未控制	未控制	控制	控制
年度效应	未控制	未控制	未控制	未控制	控制	控制
观测值	7815	7743	7815	7743	7815	7815
R-squared	0.011	0.011	0.187	0.056	0.222	0.011

注: *** 、** 和 * 分别表示 1% 、5% 和 10% 的水平上显著。

6.5.4 克服内生性问题

本部分采用倾向得分匹配法（PSM）进行核匹配。在劳伦斯等（Lawrence, Minutti-Meza and Zhang, 2011）的审计师选择模型基础上，借鉴比尔等（Bills, Cunningham and Myers, 2016）的研究设计。表 6 - 10 为 Logit 模型回归得到倾向匹配得分过程，结果显示自由现金流量比率、资产负债率、总资产收益率、每股盈利等因素都对 INTAUD 具有显著解释力。

表 6 – 10   **Logit 模型回归得到倾向匹配得分**

变量	INTAUD
CF	− 0. 083 * (− 3. 306)
ROA	3. 620 *** (5. 385)
LIQUID	0. 043 *** (3. 502)
LEV	0. 228 *** (3. 203)
EPS	− 0. 355 *** (− 5. 922)
常数项	− 12. 514 (− 0. 026)
行业效应	控制
年度效应	控制
观测值	15558
Pseudo R^2	0. 074

注：*** 、** 和 * 分别表示 1%、5% 和 10% 的水平上显著。

    表 6 – 11 为匹配前后变量差异结果，相对于匹配之前，匹配之后国际化事务所样本（INTAUD = 1）与非国际化事务所样本（INTAUD = 0）的差异缩小，表明匹配效果理想，匹配之后国际化事务所与非国际化事务所样本之间非随机性抽样的内生性干扰得到缓解。

表 6 – 11   **匹配前后变量差异**

变量	匹配项	INTAUD = 1 （1）均值	INTAUD = 0 （2）均值	差异 （2）−（1）
CF	匹配前	0. 0469	0. 0502	0. 005
	匹配后	0. 0469	0. 0471	− 0. 004

续表

变量	匹配项	INTAUD = 1	INTAUD = 0	差异
		(1) 均值	(2) 均值	(2) - (1)
ROA	匹配前	0.0474	0.0469	- 0.356
	匹配后	0.0474	0.0472	- 0.136
LIQUID	匹配前	2.0818	1.8278	0.032
	匹配后	2.0807	2.1291	0.002
LEV	匹配前	0.5503	0.5745	- 0.143
	匹配后	0.5504	0.5568	- 0.028
EPS	匹配前	0.3853	0.3986	- 0.012
	匹配后	0.3853	0.3830	- 0.010

匹配后样本的检验结果列示于表 6 - 12,结果显示匹配之后会计师事务所国际化 INTAUD 与会计信息可比性 ComMean 显著正相关(至少在 10% 水平显著)。降低了内生性问题的潜在干扰,提供了稳健性经验证据。

表 6 - 12　　　事务所国际化与可比性倾向得分匹配检验 (PSM) 结果

变量	ComMean	ComMean	ComMean	ComMed	ComMed	ComMed
INTAUD	0.001 * (1.822)	0.001 ** (2.482)	0.001 * (1.703)	0.001 * (1.780)	0.001 ** (2.433)	0.001 * (1.665)
SIZE		- 0.002 *** (-6.890)	- 0.002 *** (-5.599)		- 0.002 *** (-6.838)	- 0.002 *** (-5.576)
CF		- 0.010 *** (-3.382)	- 0.002 (-0.753)		- 0.010 *** (-3.419)	- 0.002 (-0.798)
ROA		- 0.014 (-1.558)	- 0.003 (-0.326)		- 0.014 (-1.576)	- 0.003 (-0.325)
BM		- 0.002 *** (-5.190)	- 0.002 *** (-5.236)		- 0.002 *** (-5.166)	- 0.002 *** (-5.253)

续表

变量	ComMean	ComMean	ComMean	ComMed	ComMed	ComMed
LEV		- 0. 002 ** (- 2. 368)	0. 000 (0. 229)		- 0. 002 ** (- 2. 356)	0. 000 (0. 239)
LIQUID		0. 000 *** (3. 566)	0. 000 ** (2. 076)		0. 000 *** (3. 609)	0. 000 ** (2. 125)
INVTA		- 0. 001 (- 0. 417)	0. 003 (1. 594)		- 0. 001 (- 0. 430)	0. 003 (1. 610)
EPS		- 0. 002 * (- 1. 667)	- 0. 003 *** (- 2. 894)		- 0. 002 (- 1. 642)	- 0. 003 *** (- 2. 860)
常数项	- 0. 025 *** (- 62. 635)	0. 023 *** (3. 803)	0. 014 ** (2. 035)	- 0. 025 *** (- 62. 653)	0. 023 *** (3. 762)	0. 014 ** (2. 015)
行业效应	未控制	未控制	控制	未控制	未控制	控制
年度效应	未控制	未控制	控制	未控制	未控制	控制
观测值	7628	7628	7628	7628	7628	7628
R-squared	0. 001	0. 124	0. 234	0. 001	0. 123	0. 234

注：*** 、** 和 * 分别表示 1%、5% 和 10% 的水平上显著。

6.5.5 变更样本范围

本部分剔除国际四大会计师事务所样本，实证检验结果列示于表 6 – 13，结果显示会计师事务所国际化 INTAUD 与会计信息可比性 ComMean（ComMed）显著正相关。

表 6 – 13　　　　剔除国际四大会计师事务所样本：事务所
国际化与可比性的实证结果

变量	ComMean	ComMean	ComMean	ComMed	ComMed	ComMed
INTAUD	0. 001 *** (3. 151)	0. 001 *** (4. 111)	0. 001 *** (3. 875)	0. 001 *** (3. 159)	0. 001 *** (4. 107)	0. 001 *** (3. 871)

续表

变量	ComMean	ComMean	ComMean	ComMed	ComMed	ComMed
SIZE		− 0.001 *** (− 3.167)	− 0.000 * (− 1.883)		− 0.001 *** (− 3.147)	− 0.000 * (− 1.890)
CF		− 0.006 *** (− 2.750)	− 0.003 (− 1.239)		− 0.006 *** (− 2.792)	− 0.003 (− 1.291)
ROA		− 0.031 *** (− 4.030)	− 0.029 *** (− 3.885)		− 0.031 *** (− 4.023)	− 0.029 *** (− 3.897)
BM		− 0.002 *** (− 6.484)	− 0.001 *** (− 4.303)		− 0.002 *** (− 6.467)	− 0.001 *** (− 4.291)
LEV		− 0.004 *** (− 4.877)	− 0.004 *** (− 5.134)		− 0.004 *** (− 4.820)	− 0.004 *** (− 5.066)
LIQUID		0.000 *** (3.320)	0.000 *** (2.846)		0.000 *** (3.358)	0.000 *** (2.898)
INVTA		− 0.003 * (− 1.782)	− 0.000 (− 0.004)		− 0.003 * (− 1.797)	− 0.000 (− 0.004)
EPS		0.000 (0.056)	− 0.000 (− 0.611)		0.000 (0.097)	− 0.000 (− 0.542)
常数项	− 0.025 *** (− 83.940)	− 0.001 (− 0.257)	− 0.006 (− 0.988)	− 0.025 *** (− 83.763)	− 0.001 (− 0.266)	− 0.006 (− 0.970)
行业效应	未控制	未控制	控制	未控制	未控制	控制
年度效应	未控制	未控制	控制	未控制	未控制	控制
观测值	14482	14482	14482	14482	14482	14482
R-squared	0.002	0.082	0.152	0.002	0.081	0.150

注：*** 、** 和 * 分别表示 1%、5% 和 10% 的水平上显著。

6.5.6 替换可比性测度指标

本部分替换会计信息可比性的测度方法。表 6 – 14 结果显示会计师事务所国际化 INTAUD 与会计信息可比性的替代指标 Comp4 显著正相关，为中国境内会计师事务所在 PCAOB 注册促使客户会计信息可比性提高的研究发现提供了稳健性经验证据。

表6-14　　　　　　　会计信息可比性替代指标的实证结果

变量	Comp4	Comp4	Comp4
INTAUD	0.001 *** (4.267)	0.001 *** (4.146)	0.001 *** (3.798)
SIZE		-0.001 *** (-5.393)	-0.000 *** (-3.730)
CF		-0.004 *** (-3.763)	-0.003 *** (-3.140)
ROA		-0.011 *** (-3.719)	-0.009 *** (-3.153)
BM		-0.001 *** (-7.187)	-0.001 *** (-5.652)
LEV		-0.001 *** (-2.973)	-0.001 ** (-2.462)
LIQUID		0.000 *** (2.718)	0.000 * (1.904)
INVTA		-0.001 (-1.068)	-0.001 (-0.775)
EPS		-0.000 (-0.071)	-0.000 (-1.228)
常数项	-0.004 *** (-32.733)	0.010 *** (4.554)	0.005 ** (1.992)
行业效应	未控制	未控制	控制
年度效应	未控制	未控制	控制
观测值	15558	15558	15558
R-squared	0.004	0.098	0.155

注：*** 、** 和 * 分别表示1%、5%和10%的水平上显著。

6.6　本章小结

本章基于中国境内会计师事务所在 PCAOB 注册这一视角，深入考察会计师事务所国际化对会计信息可比性的影响，研究发现中国境内会计师事务所在 PCAOB 注册有助于提升会计信息可比性。进一步分析显示，审计准则国际趋同之后，国际化的事务所通过在 PCAOB 注册，学习国际经验方法，对于国际准则的理解能力更高，进一步验证了事务所国际化在学习机制的作用下促使审计师有能力提高会计信息可比性。最后采用 PSM 克服内生性问题等检验结果为前文发现提供了稳健性的经验证据。

第 7 章
研究结论

7.1 主要研究结论

本书基于中国境内会计师事务所在 PCAOB 注册这一背景，深入探讨了中国境内会计师事务所"走出去"的经济后果，具体而言，系统探究了会计师事务所国际化对境内业务审计收费、审计质量、会计信息可比性的影响机理，形成以下研究结论：

第一，从会计师事务所国际化对审计定价决策行为的作用路径来看，会计师事务所国际化承担着学习国际专业标准体系、组建国际化团队的启动成本，为了进行成本补偿，审计师有动机提高审计定价；并且中国境内会计师事务所在 PCAOB 注册具有国际品牌效应，使得审计供给方的议价能力提高，促使审计定价的提高。进一步检验会计师事务所国际化促使审计师调整审计定价决策的动机与能力。首先，在动机方面，研究发现在声誉较高的大型事务所样本中，审计收费的提高较为显著，并且会计师事务所国际化使得审计投入增加，说明审计师提高审计定价的动机是出于对声誉成本以及学习成本等因素的考虑。其次，在能力方面，研究发现会计师事务所国际化促使审计师专业能力的提升，一定程度上表明中国境内会计师事务所国际化有助于审计供给方话语权的提升，因而有能力提高审计定价。此外，排除了客户规模、产权差异、境外投资者持股、低价竞争、审计收费黏性等因素的潜在干扰，稳健性检验部分通过倾向得分匹配等检验结果，说明即使考虑国际化事务所与非国际化事务所之间可能存在的系统性差异问题，能力方面的研究发现仍然成立，即中国境内会计师事务所国际化促使境内业务审计定价提升。

第二，从会计师事务所国际化对审计质量的影响路径来看，中国境内会计师事务所在 PCAOB 注册之后，境内业务审计质量显著提高。进一步分析显示，在高风险客户样本、大型事务所样本中，国际化对审计质量的提高作用更加明显，一定程度上表明会计师事务所国际化促使审计师提高审计质量的动机是在声誉机制下，事务所为了发送国际化这一积极信号，出于对潜在风险、国际声誉成本的考虑，因而有动机提高审计质量。此外，在能力方面，结合客户境外业务收入、事务所注册会计师人数、注册会计师学历素质的实证检验结果表明事务所国际化促使审计师国际专业能力的提升；事务所在 PCAOB 注册之后会吸收更多高学历的注册会计师，提高审计师的素质能力。此外，排除了境外投资者持股、发行 H 股或者 B 股等审计需求因素可能产生的潜在干扰，说明会计师事务所国际化提高审计质量的积极效应由审计供给主导。

第三，本书在考虑审计定价与审计质量的基础上，进一步探究中国境内会计师事务所国际化对会计信息可比性的影响机理。研究发现中国境内会计师事务所在 PCAOB 注册有助于会计信息可比性的提升。进一步分析显示，审计准则国际趋同之后，国际化的事务所通过在 PCAOB 注册，学习国际经验方法，对于国际准则的理解能力更高，研究发现相比于 2010 年中国注册会计师审计准则与国际审计准则全面趋同之前，在趋同之后，事务所国际化促使会计信息可比性提升的作用更显著，一定程度上说明会计师事务所在国际化进程中学习国际标准体系，促使审计师提高对两种会计准则的理解能力，从而有助于审计师更高效地判断会计信息是否合乎准则。

综上所述，本书研究发现会计师事务所国际化对审计行为（审计定价）、审计结果（审计质量）、审计作用（会计信息可比性）的影响主要通过学习效应与声誉效应渠道发挥作用。中国境内会计师事务所在 PCAOB 注册促使审计师学习国际经验方法、组建国际团队、与国际标准体系接轨，从而使得审计师有动机提高审计定价以弥补增加的审计投入以及潜在的声誉成本，并且国际化能力的提高有助于审计师议价能力与审计质量的提高。进一步在审计师提高审计定价决策，提高审计供给质量的基础之上，会计师事务所国际化对于会计信息可比性具有积极的溢出效应，体现审计对于降低信息不对称，提高会计信息质量的作用与价值。

7.2　主要政策建议

基于上文研究发现，本书提出如下政策建议：

第一，本书研究发现国际化的会计师事务所提高审计收费反映为审计师专业能力、审计独立性以及审计质量的提升，进而有助于会计信息可比性的提升，说明事务所"走出去"能够发挥积极作用，有助于资本市场健康发展，为相关政策制定部门推动事务所国际化、完善会计准则、审计准则，以及推动审计供给能力提升的相关制度文件提供一定的参考。

第二，研究发现中国境内会计师事务所国际化促使境内业务审计定价与审计质量的提升，说明中国审计市场中审计供给方享有一定的话语权，审计师国际化专业能力的提升有助于会计师事务所树立国际品牌形象，提高审计供给方的议价能力。在一定程度上表明随着会计师事务所做大做强、注册会计师行业高质量发展等一系列政策的实施，中国审计市场结构在不断完善（张立民，彭雯和钟凯，2018a），早期低价竞争的局面得到缓解。

第三，我国特殊的审计市场结构与美国等发达国家的审计市场结构有所差异（Chu，Simunic and Ye，et al.，2018），并且由于涉及国家经济安全等问题，中国禁止 PCAOB 对中国会计师事务所实施定期检查，因此 PCAOB 的直接监管效应对中国会计师事务所并不适用。本书基于中国独特的制度背景，研究发现中国会计师事务所在 PCAOB 注册能够向市场传递积极信号，即事务所有能力与国际市场对接，学习和掌握国际先进的审计经验与技术，能够提供高质量审计服务，为 PCAOB 注册如何影响审计收费、审计质量、会计信息可比性提出了新的作用路径，为审计监管部门提供一定的政策借鉴。

参考文献

[1] Barth M. E. , 李英，叶康涛 . 财务报告的全球可比性——是什么、为什么、如何做以及何时实现 [J]. 会计研究，2013 (5)：3 – 10.

[2] 蔡文英 . 国际化战略中我国会计师事务所内部治理与审计质量的提高 [J]. 财政研究，2009 (1)：74 – 76.

[3] 曹强，胡南薇，陈乐乐 . 审计师流动与财务报告可比性——基于中国会计师事务所合并的经验证据 [J]. 会计研究，2016 (10)：86 – 92.

[4] 陈丽红，张龙平 . 事务所行业专门化研究述评及展望 [J]. 会计研究，2010 (11)：81 – 86.

[5] 陈胜蓝，马慧 . 竞争压力、规模经济性与会计师事务所行业专长溢价 [J]. 会计研究，2015 (5)：87 – 93.

[6] 陈硕，张然，陈思 . 证券交易所年报问询函影响了审计收费吗？——基于沪深两市上市公司的经验证据 [J]. 经济经纬，2018 (4)：1 – 14.

[7] 陈宋生，曹圆圆 . 股权激励下的审计意见购买 [J]. 审计研究，2018 (1)：59 – 67.

[8] 陈宋生，田至立 . 往期审计风险的定价作用与传导机理 [J]. 审计研究，2019 (1)：64 – 71.

[9] 陈宋生，杨培培 . 信息化水平与盈余反应系数关系研究——剔除光环效应的经验证据 [J]. 中国会计评论，2013 (2)：187 – 202.

[10] 陈小林，王玉涛，陈运森 . 事务所规模、审计行业专长与知情交易概率 [J]. 会计研究，2013 (2)：69 – 77.

[11] 陈岩 . 中国对外投资逆向技术溢出效应实证研究：基于吸收能力的分

析视角 [J]. 中国软科学, 2011 (10): 61 - 72.

[12] 邓新明, 熊会兵, 李剑峰, 等. 政治关联、国际化战略与企业价值——来自中国民营上市公司面板数据的分析 [J]. 南开管理评论, 2014, 17 (1): 26 - 43.

[13] 方红星, 陈娇娇. 整合模式下两类审计收费之间的交叉补贴——知识溢出效应还是规模经济效应? [J]. 审计研究, 2016 (1): 68 - 75.

[14] 傅传锐, 洪运超. 公司治理、产品市场竞争与智力资本自愿信息披露——基于我国 A 股高科技行业的实证研究 [J]. 中国软科学, 2018 (5): 123 - 134.

[15] 龚启辉, 李志军, 王善平. 资源控制权与审计师轮换的治理效应 [J]. 审计研究, 2011 (5): 73 - 81.

[16] 郭道扬. 会计制度全球性变革研究 [J]. 中国社会科学, 2013 (6): 72 - 90.

[17] 韩洪灵, 陈汉文. 公司治理机制与高质量外部审计需求——来自中国审计市场的经验证据 [J]. 财贸经济, 2008 (1): 61 - 66.

[18] 韩晓梅, 徐玲玲. 会计师事务所国际化的动因、模式和客户发展——以"四大"在中国市场的扩张为例 [J]. 审计研究, 2009b (4): 74 - 80.

[19] 韩晓梅, 徐玲玲. 会计师事务所国际扩张: 四大与非四大的比较研究 [J]. 会计研究, 2009a (7): 71 - 78.

[20] 郝莉莉, 郭道扬. "一带一路"下独立审计适应性改革研究 [J]. 会计研究, 2017 (12): 3 - 11.

[21] 郝莉莉, 马可哪呐. 跨境审计监管、经济安全与会计师事务所国际化战略 [J]. 会计论坛, 2017, 16 (2): 146 - 157.

[22] 贺炎林, 张瀛文, 莫建明. 不同区域治理环境下股权集中度对公司业绩的影响 [J]. 金融研究, 2014 (12): 148 - 163.

[23] 胡波. 论会计服务国际化的影响因素: 以鉴证业务为例 [J]. 中央财经大学学报, 2010 (8): 91 - 96.

[24] 胡南薇, 陈汉文, 曹强. 事务所战略、行业特征与客户选择 [J]. 会计研究, 2009 (1): 88 - 95.

[25] 黄俊, 陈信元. 集团化经营与企业研发投资——基于知识溢出与内部

资本市场视角的分析 [J]. 经济研究, 2011, 46 (6): 80 –92.

[26] 黄速建, 刘建丽. 中国企业海外市场进入模式选择研究 [J]. 中国工业经济, 2009 (1): 108 –117.

[27] 贾楠, 李丹. 开展跨境审计: 一体化模式还是外包模式? ——基于美国事务所跨境审计中国概念股的实证检验 [J]. 会计研究, 2016 (11): 76 –83.

[28] 靳庆鲁, 李荣林, 万华林. 经济增长、经济政策与公司业绩关系的实证研究 [J]. 经济研究, 2008 (8): 90 –101.

[29] 李莎, 林东杰, 王彦超. 公司战略变化与审计收费——基于年报文本相似度的经验证据 [J]. 审计研究, 2019 (6): 105 –112.

[30] 李晓慧, 曹强, 孙龙渊. 审计声誉毁损与客户组合变动——基于1999—2014 年证监会行政处罚的经验证据 [J]. 会计研究, 2016 (4): 85 –91.

[31] 刘斌, 黄坤, 酒莉莉. 独立董事连锁能够提高会计信息可比性吗? [J]. 会计研究, 2019 (4): 36 –42.

[32] 刘峰, 谢斌, 黄宇明. 规模与审计质量: 店大欺客与客大欺店? [J]. 审计研究, 2009 (3): 45 –54.

[33] 刘峰, 周福源. 国际四大意味着高审计质量吗——基于会计稳健性角度的检验 [J]. 会计研究, 2007 (3): 79 –87.

[34] 刘明霞, 王学军. 中国对外直接投资的逆向技术溢出效应研究 [J]. 世界经济研究, 2009 (9): 57 –62.

[35] 刘启亮, 郭俊秀, 汤雨颜. 会计事务所组织形式、法律责任与审计质量——基于签字审计师个体层面的研究 [J]. 会计研究, 2015 (4): 86 –94.

[36] 刘启亮, 李祎, 张建平. 媒体负面报道、诉讼风险与审计契约稳定性——基于外部治理视角的研究 [J]. 管理世界, 2013 (11): 144 –154.

[37] 刘睿智, 刘志恒, 胥朝阳. 主并企业会计信息可比性与股东长期财富效应 [J]. 会计研究, 2015 (11): 34 –40.

[38] 刘笑霞. 审计师惩戒与审计定价——基于中国证监会 2008—2010 年行政处罚案的研究 [J]. 审计研究, 2013 (2): 90 –98.

[39] 刘行健，王开田. 会计师事务所转制对审计质量有影响吗？[J]. 会计研究，2014（4）：88 – 94.

[40] 鲁桐. 企业的国际化——兼评中国企业的海外经营 [J]. 世界经济与政治，1998（11）：46 – 51.

[41] 鲁威朝，杨道广，刘思义. 会计信息可比性、需求差异与跨公司信息传递 [J]. 会计研究，2019（4）：18 – 25.

[42] 罗栈心，麻志明，王亚平. 券商跟踪海外上市公司对国内分析师盈余预测准确性的影响 [J]. 金融研究，2018（8）：190 – 206.

[43] 米莉，黄婧，何丽娜. 证券交易所非处罚性监管会影响审计师定价决策吗？——基于问询函的经验证据 [J]. 审计与经济研究，2019，34（4）：57 – 65.

[44] 潘临，郝莉莉，张龙平. 签字会计师执业经验与会计信息可比性——来自中国证券市场的经验证据 [J]. 审计与经济研究，2019，34（4）：44 – 56.

[45] 彭红星，毛新述. 政府创新补贴、公司高管背景与研发投入——来自我国高科技行业的经验证据 [J]. 财贸经济，2017，38（3）：147 – 161.

[46] 彭雯，张立民，钟凯. 审计师行业专业能力能够提高社会责任信息可靠性吗？——基于债务融资成本视角的分析 [J]. 经济管理，2017，39（2）：163 – 180.

[47] 彭雯，张立民，钟凯，等. 监管问询的有效性研究：基于审计师行为视角分析 [J]. 管理科学，2019，32（4）：17 – 30.

[48] 彭雯，张立民. 第三方鉴证在债务契约中的信息含量研究——基于企业社会责任评分与审计意见的经验证据 [J]. 求索，2016（8）：62 – 67.

[49] 漆江娜，陈慧霖，张阳. 事务所规模·品牌·价格与审计质量——国际"四大"中国审计市场收费与质量研究 [J]. 审计研究，2004（3）：59 – 65.

[50] 钱爱民，朱大鹏，郁智. 上市公司被处罚会牵连未受罚审计师吗？[J]. 审计研究，2018（3）：63 – 70.

[51] 秦荣生. 我国注册会计师行业的国际化策略研究 [J]. 会计研究，2003

（10）：33 - 36.

[52] 石党英. 中国本土大型会计师事务所国际化发展路径研究 [J]. 经济体制改革, 2015（4）：149 - 155.

[53] 宋衍蘅. 审计风险、审计定价与相对谈判能力——以受监管部门处罚或调查的公司为例 [J]. 会计研究, 2011（2）：79 - 84.

[54] 宋子龙, 余玉苗. 审计项目团队行业专长类型、审计费用溢价与审计质量 [J]. 会计研究, 2018（4）：82 - 88.

[55] 王兵, 尤广辉, 宋戈. 审计师声誉机制研究：基于会计师事务所合并的视角 [J]. 审计与经济研究, 2013（6）：29 - 37.

[56] 王成方, 刘慧龙. 国有股权与公司 IPO 中的审计师选择行为及动机 [J]. 会计研究, 2014（6）：89 - 95.

[57] 王春飞, 吴溪, 曾铁兵. 会计师事务所总分所治理与分所首次业务承接——基于中国注册会计师协会报备数据的分析 [J]. 会计研究, 2016（3）：87 - 94.

[58] 王帆, 张龙平. 境外审计市场竞争策略选择——基于信号传递博弈分析 [J]. 审计与经济研究, 2013（4）：43 - 50.

[59] 王立彦, 谌嘉席, 伍利娜. 我国上市公司审计费用存在"黏性"吗？ [J]. 审计与经济研究, 2014, 29（3）：3 - 12.

[60] 王善平, 谢璟. 加盟非"四大"国际会计公司对会计师事务所审计定价的影响 [J]. 湖南师范大学社会科学学报, 2015, 44（1）：114 - 119.

[61] 王世定. 企业会计改革的回顾与反思 [J]. 会计研究, 2019（2）：7 - 10.

[62] 王艳艳, 谢婧怡, 王迪. 非处罚性监管影响了审计质量吗？——基于年报问询函的经验证据 [J]. 财务研究, 2019（4）：62 - 73.

[63] 王益民, 方宏. 中国企业国际化过程的"加速"和"跳跃"：过度自信视角 [J]. 管理科学, 2018, 31（2）：83 - 95.

[64] 王咏梅, 王鹏. 中国会计师事务所的加盟战略效果研究 [J]. 管理世界, 2012（3）：61 - 71.

[65] 吴溪, 陈梦. 会计师事务所的内部治理：理论、原则及其对发展战略的含义 [J]. 审计研究, 2012（3）：76 - 82.

[66] 吴溪, 张俊生. 中国本土会计师事务所的市场地位与经济回报 [J]. 会计研究, 2012 (7): 80-88.

[67] 吴先明, 苏志文. 将跨国并购作为技术追赶的杠杆: 动态能力视角 [J]. 管理世界, 2014 (4): 146-164.

[68] 夏立军. 审计师行业专长与审计市场研究评述 [J]. 中国注册会计师, 2004 (7): 58-62.

[69] 谢盛纹, 刘杨晖. 审计师变更、前任审计师任期和会计信息可比性 [J]. 审计研究, 2016 (2): 82-89.

[70] 辛清泉, 王兵. 交叉上市、国际四大与会计盈余质量 [J]. 经济科学, 2010 (4): 96-110.

[71] 胥朝阳, 刘睿智. 提高会计信息可比性能抑制盈余管理吗? [J]. 会计研究, 2014 (7): 50-57.

[72] 杨丹, 崔学刚, 杨梦丽. 债权融资、经济关联与会计信息可比性 [J]. 中国会计评论, 2019, 17 (1): 1-20.

[73] 杨金凤, 陆建桥, 王文慧. 我国会计师事务所合并的整合效果研究——以会计信息可比性为视角 [J]. 会计研究, 2017 (6): 3-10.

[74] 杨世信, 刘运国, 蔡祥. 组织特征与会计师事务所效率实证研究——基于事务所微观层面的数据 [J]. 审计研究, 2018 (1): 111-119.

[75] 杨育龙, 吴溪, 陈旭霞. 中国本土会计师事务所的网站信息能揭示审计质量差异吗? [J]. 审计研究, 2017 (6): 67-75.

[76] 杨忠, 张骁. 企业国际化程度与绩效关系研究 [J]. 经济研究, 2009, 44 (2): 32-42.

[77] 叶飞腾, 薛爽, 杨辰. 会计师事务所合并能提高财务报表的可比性吗? ——基于中国上市公司的经验证据 [J]. 会计研究, 2017 (3): 68-74.

[78] 易阳, 戴丹苗, 彭维瀚. 会计准则趋同、制度环境与财务报告可比性——基于 A 股与 H 股、港股比较的经验证据 [J]. 会计研究, 2017 (7): 26-32.

[79] 于鹏, 申慧慧. 监管距离、事务所规模与盈余质量 [J]. 审计研究, 2018 (5): 105-112.

[80] 俞红海，徐龙炳，陈百助. 终极控股股东控制权与自由现金流过度投资 [J]. 经济研究，2010，45 (8)：103 - 114.

[81] 袁知柱，吴粒. 会计信息可比性研究评述及未来展望 [J]. 会计研究，2012 (9)：9 - 15.

[82] 袁知柱，张小曼，于雪航. 产品市场竞争与会计信息可比性 [J]. 管理评论，2017，29 (10)：234 - 247.

[83] 曾亚敏，张俊生. 国际会计公司成员所的审计质量——基于中国审计市场的初步研究 [J]. 审计研究，2014 (1)：96 - 104.

[84] 曾亚敏，张俊生. 会计师事务所合并对审计质量的影响 [J]. 审计研究，2010 (5)：53 - 60.

[85] 张建红，周朝鸿. 中国企业走出去的制度障碍研究——以海外收购为例 [J]. 经济研究，2010，45 (6)：80 - 91.

[86] 张俊生，汤晓建，曾亚敏. 审计费用信息隐藏与审计质量——基于审计独立性和投资者感知视角的研究 [J]. 会计研究，2017 (8)：88 - 93.

[87] 张立民，彭雯，钟凯. "沪港通" 开通提升了审计独立性吗？——基于持续经营审计意见的分析 [J]. 审计与经济研究，2018b，33 (5)：35 - 45.

[88] 张立民，彭雯，钟凯. 宏观经济与审计定价：需求主导还是供给主导？ [J]. 会计研究，2018a (2)：76 - 82.

[89] 张立民，唐松华. 注册会计师审计的产权功能：演化与延伸——改革开放 30 年中国会计师事务所产权演变评析 [J]. 会计研究，2008 (8)：3 - 10.

[90] 张立民，邢春玉，李琰. 持续经营审计意见、管理层自信与投资效率 [J]. 审计研究，2017 (1)：52 - 58.

[91] 张立民. 改革开放 30 年中国会计师事务所发展历程的产权视角回顾 [J]. 中国注册会计师，2008 (11)：23 - 29.

[92] 张然，陈思，汪剑锋. PCAOB 审计检查、审计师声誉与中概股危机 [J]. 会计研究，2014 (2)：71 - 78.

[93] 张睿，田高良，齐保垒，等. 会计师事务所变更、初始审计费用折价与审计质量 [J]. 管理评论，2018 (2)：183 - 199.

[94] 张天舒, 黄俊. 金融危机下审计收费风险溢价的研究 [J]. 会计研究, 2013 (5): 81-86.

[95] 张宗益, 宋增基. 境外战略投资者持股中国上市银行的效果研究 [J]. 南开管理评论, 2010 (6): 106-114.

[96] 赵曙明, 高素英, 耿春杰. 战略国际人力资源管理与企业绩效关系研究——基于在华跨国企业的经验证据 [J]. 南开管理评论, 2011, 14 (1): 28-35.

[97] 郑登津, 闫天一. 会计稳健性、审计质量和债务成本 [J]. 审计研究, 2016 (2): 74-81.

[98] 郑建明, 白霄, 赵文耀. "技术溢出" 还是 "声誉提升"? ——会计师事务所国际加盟与审计质量提升 [J]. 经济管理, 2018, 40 (6): 153-173.

[99] 郑莉莉, 郑建明. 制度环境、审计声誉机制与收费溢价 [J]. 审计研究, 2017 (5): 78-86.

[100] 郑伟, 刘瑾, 马建威. 内地事务所参与 H 股审计问题研究——基于内地事务所国际化战略与 H 股审计市场格局 [J]. 审计研究, 2011 (6): 98-106.

[101] 周冬华, 杨小康. 内部人交易会影响会计信息可比性吗? [J]. 会计研究, 2018 (3): 27-33.

[102] 周晓苏, 王磊, 陈沉. 企业间高管联结与会计信息可比性——基于组织间模仿行为的实证研究 [J]. 南开管理评论, 2017, 20 (3): 100-112.

[103] 朱松, 夏冬林, 陈长春. 审计任期与会计稳健性 [J]. 审计研究, 2010 (3): 89-95.

[104] Abbott L J, Gunny K A, Zhang T C. When the PCAOB Talks, Who Listens? Evidence from Stakeholder Reaction to GAAP-Deficient PCAOB Inspection Reports of Small Auditors [J]. Auditing: A Journal of Practice & Theory, 2013, 32 (2): 1-31.

[105] Acito A A, Hogan C E, Mergenthaler R D. The Effects of PCAOB Inspections on Auditor-Client Relationships [J]. The Accounting Review, 2018,

93 (2): 1 –35.

[106] Albuquerque R, Brandão-Marques L, Ferreira M A, et al. International Corporate Governance Spillovers: Evidence from Cross-Border Mergers and Acquisitions [J]. The Review of Financial Studies, 2019, 32 (2): 738 – 770.

[107] Amin K, Krishnan J, Yang J S. Going Concern Opinion and Cost of Equity [J]. Auditing: A Journal of Practice & Theory, 2014, 33 (4): 1 –39.

[108] Aobdia D, Shroff N. Regulatory Oversight and Auditor Market Share [J]. Journal of Accounting and Economics, 2017, 63 (2 –3): 262 –287.

[109] Aobdia D. Do Practitioner Assessments Agree with Academic Proxies for Audit Quality? Evidence from PCAOB and Internal Inspections [J]. Journal of Accounting and Economics, 2019, 67 (1): 144 –174.

[110] Aobdia D. Proprietary Information Spillovers and Supplier Choice: Evidence from Auditors [J]. Review of Accounting Studies, 2015, 20 (4): 1504 – 1539.

[111] Aobdia D. The Impact of the PCAOB Individual Engagement Inspection Process-Preliminary Evidence [J]. The Accounting Review, 2018, 93 (4): 53 –80.

[112] Arrow K J. The Economic Implications of Learning by Doing [J]. The Review of Economic Studies, 1962, 29 (3): 155 –173.

[113] Atanassov J. Do Hostile Takeovers Stifle Innovation? Evidence from Anti-takeover Legislation and Corporate Patenting [J]. The Journal of Finance, 2013, 68 (3): 1097 –1131.

[114] Audousset-Coulier S, Jeny A, Jiang L. The Validity of Auditor Industry Specialization Measures [J]. Auditing: A Journal of Practice & Theory, 2016, 35 (1): 139 –161.

[115] Bae G S, Choi S U, Rho J H. Audit Hours and Unit Audit Price of Industry Specialist Auditors: Evidence from Korea [J]. Contemporary Accounting Research, 2016, 33 (1): 314 –340.

[116] Balsam S, Krishnan J, Yang J S. Auditor Industry Specialization and Earn-

ings Quality [J]. Auditing: A Journal of Practice & Theory, 2003, 22 (2): 71 –97.

[117] Bandura A. Social Cognitive Theory: An Agentic Perspective [J]. Annual Review of Psychology, 1999, 52 (1): 1 –26.

[118] Barth M E, Landsman W R, Lang M, et al. Are IFRS-Based and US GAAP-Based Accounting Amounts Comparable? [J]. Journal of Accounting and Economics, 2012, 54 (1): 68 –93.

[119] Beardsley E L, Lassila D R, Omer T C. How Do Audit Offices Respond to Audit Fee Pressure? Evidence of Increased Focus on Nonaudit Services and their Impact on Audit Quality [J]. Contemporary Accounting Research, 2019, 36 (2): 999 –1027.

[120] Beatty A, Liao S, Yu J J. The Spillover Effect of Fraudulent Financial Reporting on Peer Firms' Investments [J]. Journal of Accounting and Economics, 2013, 55 (2 –3): 183 –205.

[121] Beck M J, Francis J R, Gunn J L. Public Company Audits and City-Specific Labor Characteristics [J]. Contemporary Accounting Research, 2018, 35 (1): 394 –433.

[122] Beck T, Levine R, Levkov A. Big Bad Banks? The Winners and Losers from Bank Deregulation in the United States [J]. The Journal of Finance, 2010, 65 (5): 1637 –1667.

[123] Bell T B, Doogar R, Solomon I. Audit Labor Usage and Fees under Business Risk Auditing [J]. Journal of Accounting Research, 2008, 46 (4): 729 –760.

[124] Bennouri M, Nekhili M, Touron P. Does Auditor Reputation "Discourage" Related-Party Transactions? The French Case [J]. Auditing: A Journal of Practice & Theory, 2015, 34 (4): 1 –32.

[125] Berger A N, El Ghoul S, Guedhami O, et al. Internationalization and Bank Risk [J]. Management Science, 2017, 63 (7): 2283 –2301.

[126] Bills K L, Cunningham L M, Myers L A. Small Audit Firm Membership in Associations, Networks, and Alliances: Implications for Audit Quality and

Audit Fees ［J］. The Accounting Review, 2016, 91 （3）: 767 – 792.

［127］ Bills K L, Hayne C, Stein S E. A Field Study on Small Accounting Firm Membership in Associations and Networks: Implications for Audit Quality ［J］. The Accounting Review, 2018, 93 （5）: 73 – 96.

［128］ Bills K L, Jeter D C, Stein S E. Auditor Industry Specialization and Evidence of Cost Efficiencies in Homogenous Industries ［J］. The Accounting Review, 2015, 90 （5）: 1721 – 1754.

［129］ Bills K L, Swanquist Q T, Whited R L. Growing Pains: Audit Quality and Office Growth ［J］. Contemporary Accounting Research, 2016, 33 （1）: 288 – 313.

［130］ Blay A D, Geiger M A. Auditor Fees and Auditor Independence: Evidence from Going Concern Reporting Decisions ［J］. Contemporary Accounting Research, 2013, 30 （2）: 579 – 606.

［131］ Blay A D. Independence Threats, Litigation Risk, and the Auditor's Decision Process ［J］. Contemporary Accounting Research, 2005, 22 （4）: 759 – 789.

［132］ Bloomfield M J, Brüggemann U, Christensen H B, et al. The Effect of Regulatory Harmonization on Cross-Border Labor Migration: Evidence from the Accounting Profession ［J］. Journal of Accounting Research, 2017, 55 （1）: 35 – 78.

［133］ Bockus K, Gigler F. A Theory of Auditor Resignation ［J］. Journal of Accounting Research, 1998, 36 （2）: 191 – 208.

［134］ Bol J C, Estep C, Moers F, et al. The Role of Tacit Knowledge in Auditor Expertise and Human Capital Development ［J］. Journal of Accounting Research, 2018, 56 （4）: 1205 – 1252.

［135］ Brochet F, Jagolinzer A D, Riedl E J. Mandatory IFRS Adoption and Financial Statement Comparability ［J］. Contemporary Accounting Research, 2013, 30 （4）: 1373 – 1400.

［136］ Bronson S N, Ghosh A A, Hogan C E. Audit Fee Differential, Audit Effort, and Litigation Risk: An Examination of ADR Firms ［J］. Contemporary Accounting Research, 2017, 34 (1): 83 – 117.

[137] Buuren J, Koch C, Amerongen N, et al. The Use of Business Risk Audit Perspectives by Non-Big 4 Audit Firms [J]. Auditing: A Journal of Practice & Theory, 2014, 33 (3): 105 – 128.

[138] Bøler E A, Moxnes A, Ulltveit-Moe K H. R&D, International Sourcing, and the Joint Impact on Firm Performance [J]. American Economic Review, 2015, 105 (12): 3704 – 3739.

[139] Cahan S F, Emanuel D, Sun J. Are the Reputations of the Large Accounting Firms Really International? Evidence from the Andersen-Enron Affair [J]. Auditing: A Journal of Practice & Theory, 2009, 28 (2): 199 – 226.

[140] Cahan S F, Jeter D C, Naiker V. Are All Industry Specialist Auditors the Same? [J]. Auditing: A Journal of Practice & Theory, 2011, 30 (4): 191 – 222.

[141] Cai Y, Kim Y, Park J C, et al. Common auditors in M&A transactions [J]. Journal of Accounting and Economics, 2016, 61 (1): 77 – 99.

[142] Cairney T D, Stewart E G. Audit Fees and Client Industry Homogeneity [J]. Auditing: A Journal of Practice & Theory, 2015, 34 (4): 33 – 57.

[143] Carson E. Industry Specialization by Global Audit Firm Networks [J]. The Accounting Review, 2009, 84 (2): 355 – 382.

[144] Cascino S, Gassen J. What Drives the Comparability Effect of Mandatory IFRS Adoption? [J]. Review of Accounting Studies, 2015, 20 (1): 242 – 282.

[145] Casterella J R, Jensen K L, Knechel W R. Litigation Risk and Audit Firm Characteristics [J]. Auditing: A Journal of Practice & Theory, 2010, 29 (2): 71 – 82.

[146] Chan H K, Wu D. Aggregate Quasi Rents and Auditor Independence: Evidence from Audit Firm Mergers in China [J]. Contemporary Accounting Research, 2011, 28 (1): 175 – 213.

[147] Chaney P K, Philipich K L. Shredded Reputation: The Cost of Audit Fail-

ure [J]. Journal of Accounting Research, 2002, 40 (4): 1221 –1245.

[148] Chang H, Cheng C S A, Reichelt K J. Market Reaction to Auditor Switching from Big 4 to Third-Tier Small Accounting Firms [J]. Auditing: A Journal of Practice & Theory, 2010, 29 (2): 83 –114.

[149] Chen C, Collins D W, Kravet T D, et al. Financial Statement Comparability and the Efficiency of Acquisition Decisions [J]. Contemporary Accounting Research, 2018, 35 (1): 164 –202.

[150] Chen C, Young D, Zhuang Z. Externalities of Mandatory IFRS Adoption: Evidence from Cross-Border Spillover Effects of Financial Information on Investment Efficiency [J]. The Accounting Review, 2013, 88 (3): 881 – 914.

[151] Chen H, Chen J Z, Lobo G J, et al. Effects of Audit Quality on Earnings Management and Cost of Equity Capital: Evidence from China [J]. Contemporary Accounting Research, 2011, 28 (3): 892 –925.

[152] Chen L, Krishnan G, Pevzner M. Pro Forma Disclosures, Audit Fees, and Auditor Resignations [J]. Journal of Accounting and Public Policy, 2012, 31 (3): 237 –257.

[153] Chen L, Ng J, Tsang A. The Effect of Mandatory IFRS Adoption on International Cross-Listings [J]. The Accounting Review, 2015, 90 (4): 1395 –1435.

[154] Chin C, Chi H. Reducing Restatements with Increased Industry Expertise [J]. Contemporary Accounting Research, 2009, 26 (3): 729 –765.

[155] Choi J, Choi S, Myers L A, et al. Financial Statement Comparability and the Informativeness of Stock Prices About Future Earnings [J]. Contemporary Accounting Research, 2019, 36 (1): 389 –417.

[156] Choi J, Kim C F, Kim J, et al. Audit Office Size, Audit Quality, and Audit Pricing [J]. Auditing: A Journal of Practice & Theory, 2010, 29 (1): 73 –97.

[157] Choi J, Kim J, Liu X, et al. Audit Pricing, Legal Liability Regimes, and Big 4 Premiums: Theory and Cross-Country Evidence [J]. Contemporary

Accounting Research, 2008, 25 (1): 55 - 99.

[158] Choi S, Choi Y, Kim B. Auditors' Strategic Audit Pricing: Evidence from the Pre-and Post-IFRS Periods [J]. Auditing: A Journal of Practice & Theory, 2017.

[159] Christensen B E, Glover S M, Omer T C, et al. Understanding Audit Quality: Insights from Audit Professionals and Investors [J]. Contemporary Accounting Research, 2016, 33 (4): 1648 - 1684.

[160] Chu L, Simunic D A, Ye M, et al. Transaction Costs and Competition among Audit Firms in Local Markets [J]. Journal of Accounting and Economics, 2018, 65 (1): 129 - 147.

[161] Chung H, Kallapur S. Client Importance, Nonaudit Services, and Abnormal Accruals [J]. The Accounting Review, 2003, 78 (4): 931 - 955.

[162] Chychyla R, Leone A J, Minutti-Meza M. Complexity of Financial Reporting Standards and Accounting Expertise [J]. Journal of Accounting and Economics, 2019, 67 (1): 226 - 253.

[163] Commerford B P, Hatfield R C, Houston R W, et al. Auditor Information Foraging Behavior [J]. The Accounting Review, 2017, 92 (4): 145 - 160.

[164] Cooper D J, Greenwood R, Hinings B, et al. Globalization and Nationalism in a Multinational Accounting Firm: The Case of Opening New Markets in Eastern Europe [J]. Accounting, Organizations and Society, 1998, 23 (5): 531 - 548.

[165] Cravino J, Levchenko A A. Multinational Firms and International Business Cycle Transmission [J]. The Quarterly Journal of Economics, 2016: w43.

[166] De Franco G, Kothari S P, Verdi R S. The Benefits of Financial Statement Comparability [J]. Journal of Accounting Research, 2011, 49 (4): 895 - 931.

[167] DeAngelo L E. Auditor Size and Audit Quality [J]. Journal of Accounting and Economics, 1981, 3 (3): 183 - 199.

[168] Defond M L, Lennox C S. Do PCAOB Inspections Improve the Quality of

Internal Control Audits? [J]. Journal of Accounting Research, 2017, 55 (3): 591 – 627.

[169] Defond M L, Lennox C S. The Effect of SOX on Small Auditor Exits and Audit Quality [J]. Journal of Accounting and Economics, 2011, 52 (1): 21 – 40.

[170] Defond M L, Raghunandan K, Subramanyam K R. Do Non-Audit Service Fees Impair Auditor Independence? Evidence from Going Concern Audit Opinions [J]. Journal of Accounting Research, 2002, 40 (4): 1247 – 1274.

[171] Defond M L, Subramanyam K R. Auditor Changes and Discretionary Accruals [J]. Journal of Accounting and Economics, 1998, 25 (1): 35 – 67.

[172] Defond M L. How should the Auditors be Audited? Comparing the PCAOB Inspections with the AICPA Peer Reviews [J]. Journal of Accounting and Economics, 2010, 49 (1 – 2): 104 – 108.

[173] Defond M L. The Consequences of Protecting Audit Partners' Personal Assets from the Threat of Liability: A Discussion [J]. Journal of Accounting and Economics, 2012, 54 (2 – 3): 174 – 179.

[174] Defond M, Hu X, Hung M, et al. The Impact of Mandatory IFRS Adoption on Foreign Mutual Fund Ownership: The Role of Comparability [J]. Journal of Accounting and Economics, 2011, 51 (3): 240 – 258.

[175] Defond M, Zhang J. A Review of Archival Auditing Research [J]. Journal of Accounting and Economics, 2014, 58 (2 – 3): 275 – 326.

[176] Demirkan S, Zhou N. Audit Pricing for Strategic Alliances: An Incomplete Contract Perspective [J]. Contemporary Accounting Research, 2016, 33 (4): 1625 – 1647.

[177] Deng M, Lu T, Simunic D A, et al. Do Joint Audits Improve or Impair Audit Quality? [J]. Journal of Accounting Research, 2014, 52 (5): 1029 – 1060.

[178] Desir R, Casterella J R, Kokina J. A Reexamination of Audit Fees for Initial Audit Engagements in the Post-SOX Period [J]. Auditing: A Journal of

Practice & Theory, 2014, 33 (2): 59 – 78.

[179] Dhaliwal D S, Lamoreaux P T, Litov L P, et al. Shared Auditors in Mergers and Acquisitions [J]. Journal of Accounting and Economics, 2016, 61 (1): 49 – 76.

[180] Doogar R, Sivadasan P, Solomon I. Audit Fee Residuals: Costs or Rents? [J]. Review of Accounting Studies, 2015, 20 (4): 1247 – 1286.

[181] Downey D H, Bedard J C. Coordination and Communication Challenges in Global Group Audits [J]. Auditing: A Journal of Practice & Theory, 2018.

[182] Edmond C, Midrigan V, Xu D Y. Competition, Markups, and the Gains from International Trade [J]. American Economic Review, 2015, 105 (10): 3183 – 3221.

[183] El Ghoul S, Guedhami O, Pittman J A, et al. Cross-Country Evidence on the Importance of Auditor Choice to Corporate Debt Maturity [J]. Contemporary Accounting Research, 2016, 33 (2): 718 – 751.

[184] Eng L L, Sun L, Vichitsarawong T. Are International Financial Reporting Standards-Based and U. S. GAAP-Based Accounting Amounts Comparable? Evidence From U. S. ADRs [J]. Journal of Accounting, Auditing & Finance, 2014, 29 (2): 163 – 187.

[185] Eshleman J D, Guo P. Do Big 4 Auditors Provide Higher Audit Quality after Controlling for the Endogenous Choice of Auditor? [J]. Auditing: A Journal of Practice & Theory, 2014, 33 (4): 197 – 219.

[186] Faelten A, Gietzmann M, Vitkova V. Naked M&A Transactions: How the Lack of Local Expertise in Cross-Border Deals Can Negatively Affect Acquirer Performance-and How Informed Institutional Investors Can Mitigate This Effect [J]. Journal of Business Finance & Accounting, 2014, 41 (3 – 4): 469 – 506.

[187] Fang V W, Maffett M, Zang B. Foreign Institutional Ownership and the Global Convergence of Financial Reporting Practices [J]. Journal of Accounting Research, 2015, 53 (3): 593 – 631.

[188] Fatemi D J. An Experimental Investigation of the Influence of Audit Fee Structure and Auditor Selection Rights on Auditor Independence and Client Investment Decisions [J]. Auditing: A Journal of Practice & Theory, 2012, 31 (3): 75 –94.

[189] Feng M E I, Li C. Are Auditors Professionally Skeptical? Evidence from Auditors' Going-Concern Opinions and Management Earnings Forecasts [J]. Journal of Accounting Research, 2014, 52 (5): 1061 –1085.

[190] Ferguson A, Francis J R, Stokes D J. The Effects of Firm-Wide and Office-Level Industry Expertise on Audit Pricing [J]. The Accounting Review, 2003, 78 (2): 429 –448.

[191] Ferguson A, Pündrich G. Does Industry Specialist Assurance of Non-Financial Information Matter to Investors? [J]. Auditing: A Journal of Practice & Theory, 2015, 34 (2): 121 –146.

[192] Firth M, Mo P L L, Wong R M K. Auditors' Organizational Form, Legal Liability, and Reporting Conservatism: Evidence from China [J]. Contemporary Accounting Research, 2012, 29 (1): 57 –93.

[193] Francis B B, Hunter D M, Robinson D M, et al. Auditor Changes and the Cost of Bank Debt [J]. The Accounting Review, 2017, 92 (3): 155 – 184.

[194] Francis J R, Kenneth R, Wang D. The Pricing of National and City-Specific Reputations for Industry Expertise in the U. S. Audit Market [J]. The Accounting Review, 2005, 80 (1): 113 –136.

[195] Francis J R, Michas P N, Yu M D. Office Size of Big 4 Auditors and Client Restatements [J]. Contemporary Accounting Research, 2013, 30 (4): 1626 –1661.

[196] Francis J R, Michas P N. The Contagion Effect of Low-Quality Audits [J]. The Accounting Review, 2013, 88 (2): 521 –552.

[197] Francis J R, Pinnuck M L, Watanabe O. Auditor Style and Financial Statement Comparability [J]. The Accounting Review, 2014, 89 (2): 605 –633.

[198] Francis J R, Wang D. The Joint Effect of Investor Protection and Big 4 Audits on Earnings Quality around the World [J]. Contemporary Accounting Research, 2008, 25 (1): 157 – 191.

[199] Fung S Y K, Gul F A, Krishnan J. City-Level Auditor Industry Specialization, Economies of Scale, and Audit Pricing [J]. The Accounting Review, 2012, 87 (4): 1281 – 1307.

[200] Fung S Y K, Raman K K, Zhu X K. Does the PCAOB International Inspection Program Improve Audit Quality for Non-US-Listed Foreign Clients? [J]. Journal of Accounting and Economics, 2017, 64 (1): 15 – 36.

[201] Geiger M A, Raghunandan K, Rama D V. Recent Changes in the Association between Bankruptcies and Prior Audit Opinions [J]. Auditing: A Journal of Practice & Theory, 2005, 24 (1): 21 – 35.

[202] Glover S M, Taylor M H, Wu Y, et al. Mind the Gap: Why Do Experts Have Differences of Opinion Regarding the Sufficiency of Audit Evidence Supporting Complex Fair Value Measurements? [J]. Contemporary Accounting Research, 2019, 36 (3): 1417 – 1460.

[203] Gong Q, Li O Z, Lin Y, et al. On the Benefits of Audit Market Consolidation: Evidence from Merged Audit Firms [J]. The Accounting Review, 2016, 91 (2): 463 – 488.

[204] Goodwin J, Wu D. Is the Effect of Industry Expertise on Audit Pricing an Office-Level or a Partner-Level Phenomenon? [J]. Review of Accounting Studies, 2014, 19 (4): 1532 – 1578.

[205] Graham M, Walter T S, Yawson A, et al. The Value-Added Role of Industry Specialist Advisors in M&As [J]. Journal of Banking & Finance, 2017, 81: 81 – 104.

[206] Gray J M, Gray H P. The Multinational Bank: A Financial MNC? [J]. Journal of Banking & Finance, 1981, 5 (1): 33 – 63.

[207] Grenier J H, Pomeroy B, Stern M T. The Effects of Accounting Standard Precision, Auditor Task Expertise, and Judgment Frameworks on Audit Firm Litigation Exposure [J]. Contemporary Accounting Research, 2015,

32 (1): 336 – 357.

[208] Griffith E E. Auditors, Specialists, and Professional Jurisdiction in Audits of Fair Values [J]. Contemporary Accounting Research, 2019, Forthcoming.

[209] Griffith E E. When Do Auditors Use Specialists' Work to Improve Problem Representations of and Judgments about Complex Estimates? [J]. The Accounting Review, 2018, 93 (4): 177 – 202.

[210] Guan Y, Wong M H F, Zhang Y. Analyst Following Along the Supply Chain [J]. Review of Accounting Studies, 2015, 20 (1): 210 – 241.

[211] Guedhami O, Pittman J A. Ownership Concentration in Privatized Firms: The Role of Disclosure Standards, Auditor Choice, and Auditing Infrastructure [J]. Journal of Accounting Research, 2006, 44 (5): 889 – 929.

[212] Gul F A, Fung S Y K, Jaggi B. Earnings Quality: Some Evidence on the Role of Auditor Tenure and Auditors' Industry Expertise [J]. Journal of Accounting and Economics, 2009, 47 (3): 265 – 287.

[213] Gul F A, Kim J, Qiu A A. Ownership Concentration, Foreign Shareholding, Audit Quality, and Stock Price Synchronicity: Evidence from China [J]. Journal of Financial Economics, 2010, 95 (3): 425 – 442.

[214] Gunn J L, Michas P N. Auditor Multinational Expertise and Audit Quality [J]. The Accounting Review, 2018, 93 (4): 203 – 224.

[215] Gunny K A, Zhang T C. PCAOB Inspection Reports and Audit Quality [J]. Journal of Accounting and Public Policy, 2013, 32 (2): 136 – 160.

[216] Halperin R, Lai K. The Relation Between Auditor-Provided Tax Service Fees and Audit Fees after the Sarbanes-Oxley Act [J]. Journal of Accounting, Auditing & Finance, 2015, 30 (3): 341 – 372.

[217] Hay D C, Knechel W R, Wong N. Audit Fees: A Meta-Analysis of the Effect of Supply and Demand Attributes [J]. Contemporary Accounting Research, 2006, 23 (1): 141 – 191.

[218] Hilary G, Shen R. The Role of Analysts in Intra-Industry Information Trans-

fer [J]. The Accounting Review, 2013, 88 (4): 1265 – 1287.

[219] Hitt M A, Hoskisson R E, Kim H. International Diversification: Effects on Innovation and Firm Performance in Product-Diversified Firms [J]. Academy of Management Journal, 1997, 40 (4): 767 – 798.

[220] Horton J, Serafeim G, Serafeim I. Does Mandatory IFRS Adoption Improve the Information Environment? [J]. Contemporary Accounting Research, 2013, 30 (1): 388 – 423.

[221] Hostak P, Lys T, Yang Y G, et al. An Examination of the Impact of the Sarbanes-Oxley Act on the Attractiveness of U. S. Capital Markets for Foreign Firms [J]. Review of Accounting Studies, 2013, 18 (2): 522 – 559.

[222] Huang H W, Raghunandan K, Rama D. Audit Fees for Initial Audit Engagements Before and After SOX [J]. Auditing: A Journal of Practice & Theory, 2009, 28 (1): 171 – 190.

[223] Huang H, Raghunandan K, Huang T, et al. Fee Discounting and Audit Quality Following Audit Firm and Audit Partner Changes: Chinese Evidence [J]. The Accounting Review, 2015, 90 (4): 1517 – 1546.

[224] Iliev P, Miller D P, Roth L. Uninvited U. S. Investors? Economic Consequences of Involuntary Cross-Listings [J]. Journal of Accounting Research, 2014, 52 (2): 473 – 519.

[225] Jayaraman S, Milbourn T. CEO Equity Incentives and Financial Misreporting: The Role of Auditor Expertise [J]. The Accounting Review, 2015, 90 (1): 321 – 350.

[226] Jeon B N, Olivero M P, Wu J. Multinational Banking and the International Transmission of Financial Shocks: Evidence from Foreign Bank Subsidiaries [J]. Journal of Banking & Finance, 2013, 37 (3): 952 – 972.

[227] Jiang J X, Wang I Y, Wang K P. Big N Auditors and Audit Quality: New Evidence from Quasi-Experiments [J]. The Accounting Review, 2019, 94 (1): 205 – 227.

[228] Jiang L, Zhou H. The Role of Audit Verification in Debt Contracting: Evi-

dence from Covenant Violations [J]. Review of Accounting Studies, 2017, 22 (1): 469 – 501.

[229] Jiang W, Son M. Do Audit Fees Reflect Risk Premiums for Control Risk? [J]. Journal of Accounting, Auditing & Finance, 2015, 30 (3): 318 – 340.

[230] Johanson J, Vahlne J. The Internationalization Process of the Firm—A Model of Knowledge Development and Increasing Foreign Market Commitments [J]. Journal of international Business Studies, 1977, 8 (1): 23 – 32.

[231] Johnson L M, Keune M B, Winchel J. U. S. Auditors' Perceptions of the PCAOB Inspection Process: A Behavioral Examination [J]. Contemporary Accounting Research, 2019, 36 (3): 1540 – 1574.

[232] Johnstone K M, Bedard J C. Risk Management in Client Acceptance Decisions [J]. The Accounting Review, 2003, 78 (4): 1003 – 1025.

[233] Kallunki J, Kallunki J P, Niemi L, et al. IQ and Audit Quality: Do Smarter Auditors Deliver Better Audits? [J]. Contemporary Accounting Research, 2019, 36 (3): 1373 – 1461.

[234] Kao J L, Li Y, Zhang W. Did SOX Influence the Association between Fee Dependence and Auditors' Propensity to Issue Going-Concern Opinions? [J]. Auditing: A Journal of Practice & Theory, 2014, 33 (2): 165 – 185.

[235] Kaplan S E, Williams D D. Do Going Concern Audit Reports Protect Auditors from Litigation? A Simultaneous Equations Approach [J]. The Accounting Review, 2013, 88 (1): 199 – 232.

[236] Kaustia M, Knüpfer S. Peer Performance and Stock Market Entry [J]. Journal of Financial Economics, 2012, 104 (2): 321 – 338.

[237] Kaustia M, Rantala V. Social Learning and Corporate Peer Effects [J]. Journal of Financial Economics, 2015, 117 (3): 653 – 669.

[238] Ke B, Lennox C S, Xin Q. The Effect of China's Weak Institutional Environment on the Quality of Big 4 Audits [J]. The Accounting Review, 2015, 90 (4): 1591 – 1619.

[239] Khalil S, Mazboudi M. Client Acceptance and Engagement Pricing Following Auditor Resignations in Family Firms [J]. Auditing: A Journal of Practice & Theory, 2016, 35 (4): 137 – 158.

[240] Kim J, Lee J J, Park J C. Audit Quality and the Market Value of Cash Holdings: The Case of Office-Level Auditor Industry Specialization [J]. Auditing: A Journal of Practice & Theory, 2015, 34 (2): 27 – 57.

[241] Kim J, Li L, Lu L Y, et al. Financial Statement Comparability and Expected Crash Risk [J]. Journal of Accounting and Economics, 2016, 61 (2 – 3): 294 – 312.

[242] Kim S, Kraft P, Ryan S G. Financial Statement Comparability and Credit Risk [J]. Review of Accounting Studies, 2013, 18 (3): 783 – 823.

[243] Kim Y, Li H, Li S. CEO Equity Incentives and Audit Fees [J]. Contemporary Accounting Research, 2015, 32 (2): 608 – 638.

[244] Kothari S P. Capital Markets Research in Accounting [J]. Journal of Accounting and Economics, 2001, 31 (1): 105 – 231.

[245] Kovacs T. Intra-Industry Information Transfers and the Post-Earnings Announcement Drift [J]. Contemporary Accounting Research, 2016, 33 (4): 1549 – 1575.

[246] Krishnamurthy S, Zhou J, Zhou N. Auditor Reputation, Auditor Independence, and the Stock-Market Impact of Andersen's Indictment on Its Client Firms [J]. Contemporary Accounting Research, 2006, 23 (2): 465 – 490.

[247] Krishnan J, Krishnan J, Song H. PCAOB International Inspections and Audit Quality [J]. The Accounting Review, 2017, 92 (5): 143 – 166.

[248] Krishnan J, Krishnan J. Litigation Risk and Auditor Resignations. (cover story) [J]. Accounting Review, 1997, 72 (4): 539.

[249] Lamoreaux P T. Does PCAOB Inspection Access Improve Audit Quality? An Examination of Foreign Firms Listed in the United States [J]. Journal of Accounting and Economics, 2016, 61 (2 – 3): 313 – 337.

[250] Lang M, Raedy J S, Wilson W. Earnings Management and Cross Listing:

Are Reconciled Earnings Comparable to US Earnings? [J]. Journal of Accounting and Economics, 2006, 42 (1 –2): 255 –283.

[251] Lawrence A, Minutti-Meza M, Zhang P. Can Big 4 versus Non-Big 4 Differences in Audit-Quality Proxies be Attributed to Client Characteristics? [J]. The Accounting Review, 2011, 86 (1): 259 –286.

[252] Lee H S G, Nagy A L, Zimmerman A B. Audit Partner Assignments and Audit Quality in the United States [J]. The Accounting Review, 2019, 94 (2): 297 –323.

[253] Lennox C S, Kausar A. Estimation Risk and Auditor Conservatism [J]. Review of Accounting Studies, 2017, 22 (1): 185 –216.

[254] Lennox C, Li B. The Consequences of Protecting Audit Partners' Personal Assets from the Threat of Liability [J]. Journal of Accounting and Economics, 2012, 54 (2 –3): 154 –173.

[255] Levitt S D, List J A, Syverson C. Toward an Understanding of Learning by Doing: Evidence from an Automobile Assembly Plant [J]. Journal of Political Economy, 2013, 121 (4): 643 –681.

[256] Li L, Qi B, Tian G, et al. The Contagion Effect of Low-Quality Audits at the Level of Individual Auditors [J]. The Accounting Review, 2017, 92 (1): 137 –163.

[257] Li S. Does Mandatory Adoption of International Financial Reporting Standards in the European Union Reduce the Cost of Equity Capital? [J]. The Accounting Review, 2010, 85 (2): 607 –636.

[258] Li X. The Sarbanes-Oxley Act and Cross-Listed Foreign Private Issuers [J]. Journal of Accounting and Economics, 2014, 58 (1): 21 –40.

[259] Lin C, Ma Y, Malatesta P, et al. Ownership Structure and the Cost of Corporate Borrowing [J]. Journal of Financial Economics, 2011, 100 (1): 1 –23.

[260] Lobo G J, Neel M, Rhodes A. Accounting Comparability and Relative Performance Evaluation in CEO Compensation [J]. Review of Accounting Studies, 2018, 23 (3): 1137 –1176.

[261] Ma M S. Economic Links and the Spillover Effect of Earnings Quality on Market Risk [J]. The Accounting Review, 2017, 92 (6): 213 – 245.

[262] Minutti-Meza M. Does Auditor Industry Specialization Improve Audit Quality? [J]. Journal of Accounting Research, 2013, 51 (4): 779 – 817.

[263] Moon J R, Shipman J E, Swanquist Q T, et al. Do Clients Get What They Pay For? Evidence from Auditor and Engagement Fee Premiums [J]. Contemporary Accounting Research, 2019, 36 (2): 629 – 665.

[264] Mullis C E, Hatfield R C. The Effects of Multitasking on Auditors' Judgment Quality [J]. Contemporary Accounting Research, 2018, 35 (1): 314 – 333.

[265] Neel M. Accounting Comparability and Economic Outcomes of Mandatory IFRS Adoption [J]. Contemporary Accounting Research, 2017, 34 (1): 658 – 690.

[266] Nelson K K, Price R A, Rountree B R. The Market Reaction to Arthur Andersen's Role in the Enron Scandal: Loss of Reputation or Confounding Effects? [J]. Journal of Accounting and Economics, 2008, 46 (2 – 3): 279 – 293.

[267] Pearson T, Trompeter G. Competition in the Market for Audit Services: The Effect of Supplier Concentration on Audit Fees [J]. Contemporary Accounting Research, 1994, 11 (1): 115 – 135.

[268] Pittman J A, Fortin S. Auditor Choice and the Cost of Debt Capital for Newly Public Firms [J]. Journal of Accounting and Economics, 2004, 37 (1): 113 – 136.

[269] Porter M E. Competitive Strategy: Techniques for Analyzing Industries and Competitors [M]. Simon and Schuster, 2008.

[270] Post H, Wilderom C, Douma S. Internationalization of Dutch Accounting Firms [J]. European Accounting Review, 1998, 7 (4): 697 – 707.

[271] Rajamani A, van der Poel M, de Jong A, et al. The International Diversification of Banks and the Value of Their Cross-Border M&A Advice [J]. Management Science, 2017, 63 (7): 2211 – 2232.

［272］ Reichelt K J, Wang D. National and Office-Specific Measures of Auditor Industry Expertise and Effects on Audit Quality ［J］. Journal of Accounting Research, 2010, 48 (3): 647 – 686.

［273］ Robin A J, Zhang H. Do Industry-Specialist Auditors Influence Stock Price Crash Risk? ［J］. Auditing: A Journal of Practice & Theory, 2015, 34 (3): 47 – 79.

［274］ Robin A, Wu Q, Zhang H. Auditor Quality and Debt Covenants ［J］. Contemporary Accounting Research, 2017, 34 (1): 154 – 185.

［275］ Schroeder J H. The Impact of Audit Completeness and Quality on Earnings Announcement GAAP Disclosures ［J］. The Accounting Review, 2016, 91 (2): 677 – 705.

［276］ Shroff N, Verdi R S, Yost B P. When does the Peer Information Environment Matter? ［J］. Journal of Accounting and Economics, 2017, 64 (2 – 3): 183 – 214.

［277］ Shroff N, Verdi R S, Yu G. Information Environment and the Investment Decisions of Multinational Corporations ［J］. The Accounting Review, 2014, 89 (2): 759 – 790.

［278］ Shroff N. Real Effects of PCAOB International Inspections ［J］. The Accounting Review, 2020, 95 (5): 399 – 433.

［279］ Simunic D A. The Pricing of Audit Services: Theory and Evidence ［J］. Journal of Accounting Research, 1980: 161 – 190.

［280］ Skinner D J, Srinivasan S. Audit Quality and Auditor Reputation: Evidence from Japan ［J］. The Accounting Review, 2012, 87 (5): 1737 – 1765.

［281］ Sohn B C. The effect of Accounting Comparability on the Accrual-Based and Real Earnings Management ［J］. Journal of Accounting and Public Policy, 2016, 35 (5): 513 – 539.

［282］ Stewart T R, Kinney W R. Group Audits, Group-Level Controls, and Component Materiality: How Much Auditing Is Enough? ［J］. The Accounting Review, 2013, 88 (2): 707 – 737.

[283] Su L N, Zhao X R, Zhou G S. Auditor Tenure and Stock Price Idiosyncratic Volatility: The Moderating Role of Industry Specialization [J]. Auditing: A Journal of Practice & Theory, 2016, 35 (2): 147 – 166.

[284] Van Linden C, Mazza T. Quality Control System Criticism Raised by the Public Company Accounting Oversight Board in Non-US Jurisdictions and Earnings Quality of Non-Cross-Listed Clients [J]. International Journal of Auditing, 2018, 22 (3): 374 – 384.

[285] Vernon R. International Trade and International Investment in the Product Cycle [J]. Quarterly Journal of Economics, 1966, 80 (2): 190 – 207.

[286] Walkshäusl C, Lobe S. The Enterprise Multiple Investment Strategy: International Evidence [J]. Journal of Financial and Quantitative Analysis, 2015, 50 (4): 781 – 800.

[287] Wang C. Accounting Standards Harmonization and Financial Statement Comparability: Evidence from Transnational Information Transfer [J]. Journal of Accounting Research, 2014, 52 (4): 955 – 992.

[288] Wang Q, Wong T J, Xia L. State Ownership, the Institutional Environment, and Auditor Choice: Evidence from China [J]. Journal of Accounting and Economics, 2008, 46 (1): 112 – 134.

[289] Weber J, Willenborg M, Zhang J. Does Auditor Reputation Matter? The Case of KPMG Germany and ComROAD AG [J]. Journal of Accounting Research, 2008, 46 (4): 941 – 972.

[290] Wernerfelt B. A Resource-Based View of the Firm [J]. Strategic Management Journal, 1984, 5 (2): 171 – 180.

[291] Whitworth J D, Lambert T A. Office-Level Characteristics of the Big 4 and Audit Report Timeliness [J]. Auditing: A Journal of Practice & Theory, 2014, 33 (3): 129 – 152.

[292] Wu X, Wang C, Li B. Competition in China's Public Accounting Service Market: Evidence from Newly-Established Branch Offices [J]. China Journal of Accounting Studies, 2019, 6 (4): 421 – 447.

[293] Yip R W Y, Young D. Does Mandatory IFRS Adoption Improve Information

Comparability? [J]. The Accounting Review, 2012, 87 (5): 1767 – 1789.

[294] Zerni M. Audit Partner Specialization and Audit Fees: Some Evidence from Sweden [J]. Contemporary Accounting Research, 2012, 29 (1): 312 – 340.

[295] Zhan Shu S. Auditor Resignations: Clientele Effects and Legal Liability [J]. Journal of Accounting and Economics, 2000, 29 (2): 173 – 205.

[296] Zhang J H. Accounting Comparability, Audit Effort, and Audit Outcomes [J]. Contemporary Accounting Research, 2018, 35 (1): 245 – 276.